Sinaloa

Historia y Geografía *Tercer grado*

Sinaloa
Historia y Geografía Tercer grado

Autores
Federico Romero Mercado
José Tejada Pérez
Rosa María Jaramillo Elenes

Colaborador
Marco Antonio López Chavira

Diseño gráfico
Enrique García Rodas

Fotografía
Silverio Zambrano López

Ilustración
Elizabeth Castañeda Corral

Diseño de portada
Comisión Nacional de los Libros de Texto Gratuitos

Ilustración de portada
"Mazatlán", Edgardo Coghlan,
acuarela sobre papel, 1989.
Museo de Arte de Sinaloa, Mazatlán, Sinaloa
Reproducción autorizada por el
Gobierno del estado

Fotografía de portada
Óscar Necoechea

Supervisión técnica y pedagógica
Subsecretaría de Educación Básica y Normal
de la Secretaría de Educación Pública

Primera edición, 1994
Primera edición revisada, 1995
Primera reimpresión, 1996
Segunda reimpresión, 1997
Segunda edición revisada, 1998
Tercera edición revisada, 1999

ISBN 968-29-6007-X
Impreso en México

Presentación

Este nuevo libro de texto gratuito tiene como propósito, que las niñas y los niños que cursan el tercer grado de educación primaria conozcan mejor la historia y la geografía de la entidad federativa en la cual viven: su pasado y sus tradiciones, sus recursos y sus problemas.

El plan de estudios de educación primaria, elaborado en 1993, otorga gran importancia al conocimiento que el niño debe adquirir sobre el entorno inmediato: la localidad, el municipio y la entidad. Este aprendizaje es un elemento esencial de aprecio y arraigo en lo más propio, y ayuda a que los niños se den cuenta de que nuestra fuerte identidad como nación se enriquece con la diversidad cultural, geográfica e histórica de las regiones del país.

Este libro es resultado de la colaboración entre la Secretaría de Educación Pública y el Gobierno del Estado de Sinaloa y ha sido escrito por maestros y especialistas residentes en la entidad. Es por lo tanto, una expresión de federalismo educativo, establecido en la Ley General de Educación.

Con la renovación de los libros de texto, se pone en marcha un proceso de perfeccionamiento continuo de los materiales de estudio para la escuela primaria. Cada vez que la experiencia y la evaluación lo hagan recomendable, los libros del niño y los recursos auxiliares para el maestro serán mejorados, sin necesidad de esperar largo tiempo para realizar reformas generales.

Para que estas tareas tengan éxito, son indispensables las opiniones de los maestros y de los niños que trabajarán con este libro, así como las sugerencias de madres y padres de familia que comparten con sus hijos las actividades escolares. La Secretaría de Educación Pública necesita sus recomendaciones y críticas.

Estas aportaciones serán estudiadas con atención y servirán para que el mejoramiento de los materiales educativos sea una actividad sistemática y permanente.

ÍNDICE

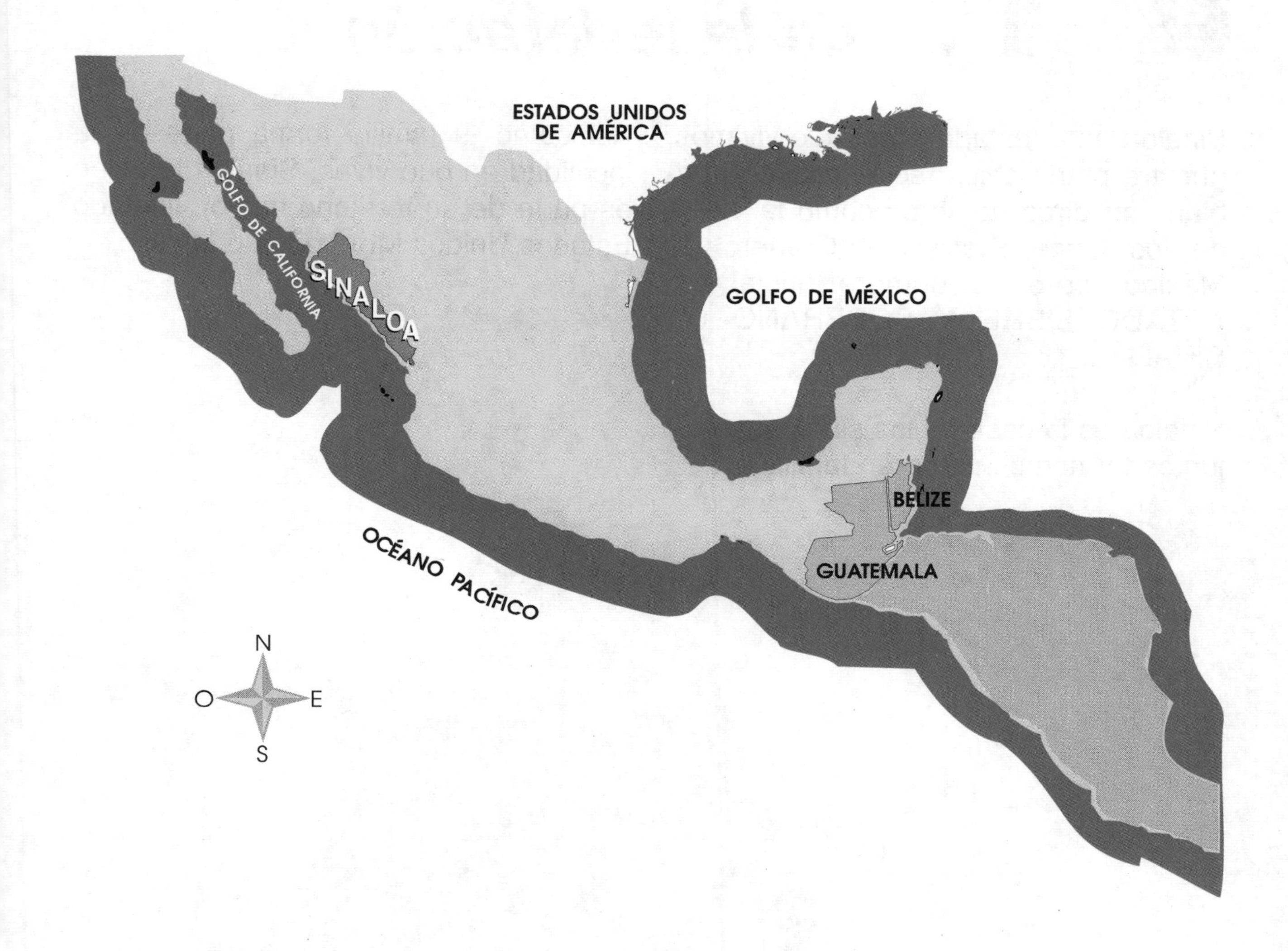

I.- MI ENTIDAD EN MÉXICO

1. Sinaloa como parte de la federación

Sinaloa es el estado en el que vivimos, nuestra patria chica; se le conoce también con otros nombres como la Tierra de los Once Ríos o el Granero de México; pero su nombre oficial es: ESTADO LIBRE Y SOBERANO DE SINALOA.

Sinaloa es la casa de los sinaloenses, y juntos formamos una gran familia.

Así como tu familia forma parte de la localidad en que vives, Sinaloa también es parte de un territorio mayor, llamado Estados Unidos Mexicanos o México.

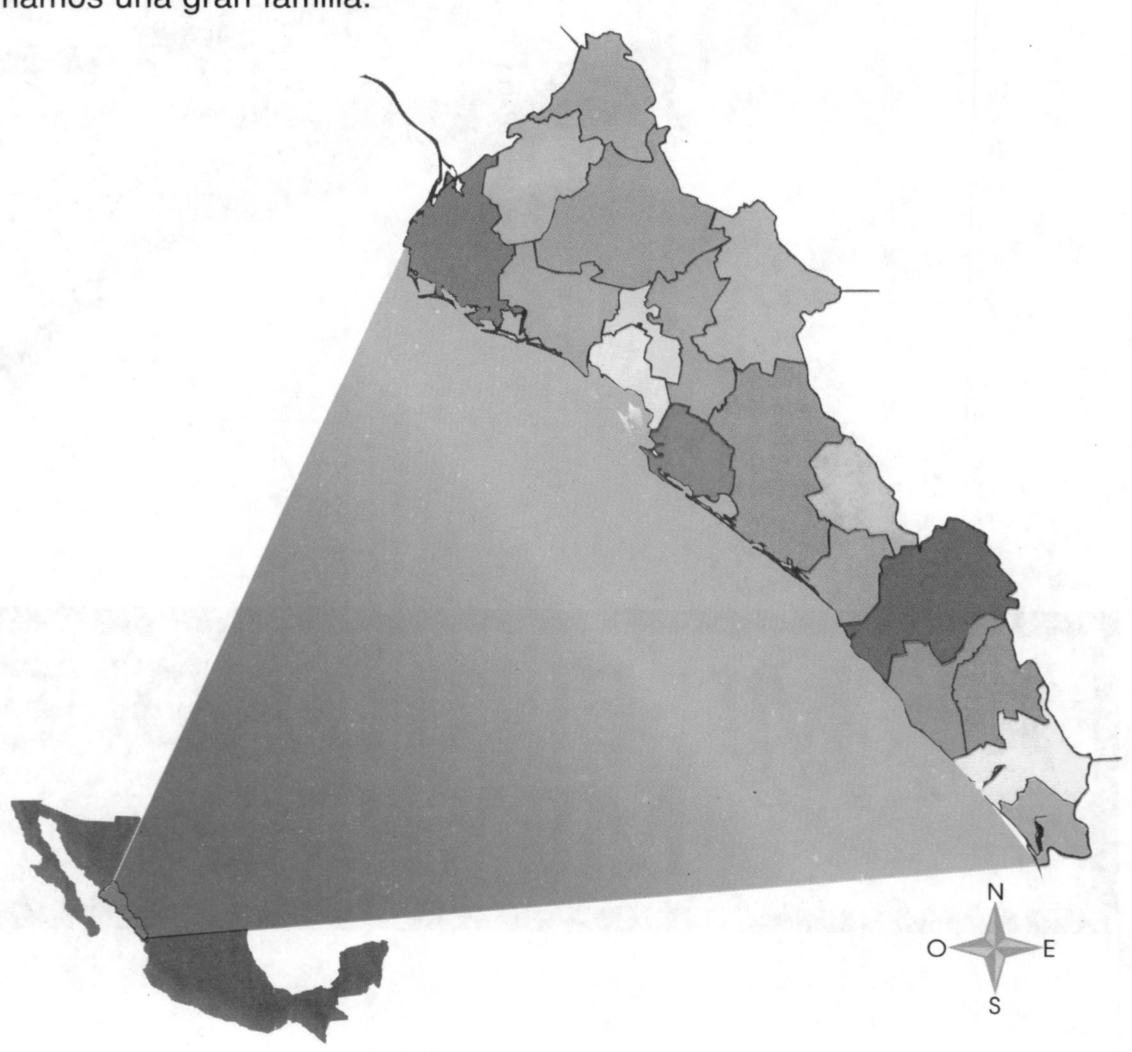

Nuestro país, México, tiene un total de 32 entidades, con las que se forma una República: la República Mexicana, organizada en 31 estados y un Distrito Federal.

Cada estado cuenta con un **territorio**, una **población** y un gobierno propios, por lo que son libres y **soberanos**; están unidos entre sí por un acuerdo de todos; es decir, por un pacto federal o federación y regidos por leyes que todos debemos respetar.

Las leyes que nos rigen se encuentran en un documento llamado Constitución Política de los Estados Unidos Mexicanos.

Nuestra entidad se llama Sinaloa o estado de Sinaloa, y forma parte de la República Mexicana o México, país formado por 32 entidades federativas unidas bajo un pacto federal.

actividades

- **En el mapa localiza el estado de Sinaloa, ilumínalo, ponle el nombre y cuenta los demás estados para que compruebes si son 32 entidades.**

LECCIÓN

2. Ubicación de Sinaloa en la geografía nacional

El estado de Sinaloa se encuentra ubicado en el noroeste de la República Mexicana.

Los estados vecinos o colindantes de Sinaloa son aquellos que se encuentran junto a él.

Si observas el mapa, encontrarás que al norte se localizan los estados de Sonora y Chihuahua; al sur, el estado de Nayarit; al este, el estado de Durango, y al oeste, el Golfo de California y el océano Pacífico.

Los límites o colindancias de Sinaloa son: Sonora, Chihuahua, Durango, Nayarit, el Golfo de California y el océano Pacífico.

actividades

- En el siguiente mapa haz lo que se te pide:

• Localiza los estados colindantes de Sinaloa. De ellos, colorea de rojo los que tienen costas en el Golfo de California y océano Pacífico y de verde los estados que no tienen costas.

• Compara tu trabajo con el de tus compañeros.

LECCIÓN

3. Sinaloa: origen y significado

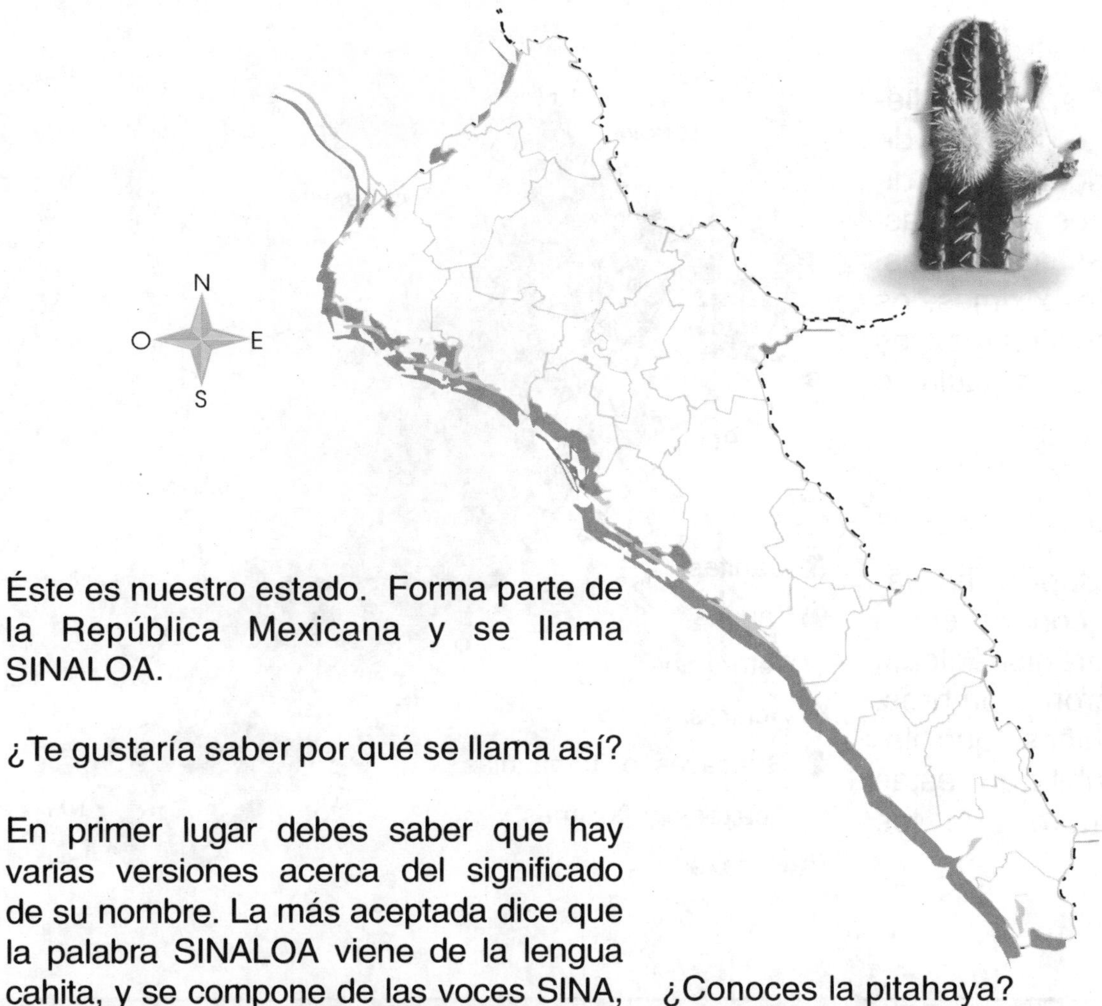

Éste es nuestro estado. Forma parte de la República Mexicana y se llama SINALOA.

¿Te gustaría saber por qué se llama así?

En primer lugar debes saber que hay varias versiones acerca del significado de su nombre. La más aceptada dice que la palabra SINALOA viene de la lengua cahita, y se compone de las voces SINA, que significa pitahaya, y LOBOLA, redondeado. Así, SINALOBOLA, que más tarde se convirtió en SINALOA, significa: ***PITAHAYA REDONDA.***

¿Conoces la pitahaya?

La pitahaya es una planta de tallos carnosos y espinosos que abunda en nuestra entidad.

La palabra sinaloa se deriva de la lengua cahita y significa: PITAHAYA REDONDA.

LECCIÓN

4. Culturas prehispánicas en Sinaloa

Cuando los españoles llegaron a la región de Sinaloa, encontraron diversos grupos indígenas: los totorames, los cahitas, los tahues, los xiximes, los acaxees, los achires, los pacaxes y los tamazulas o guasaves.

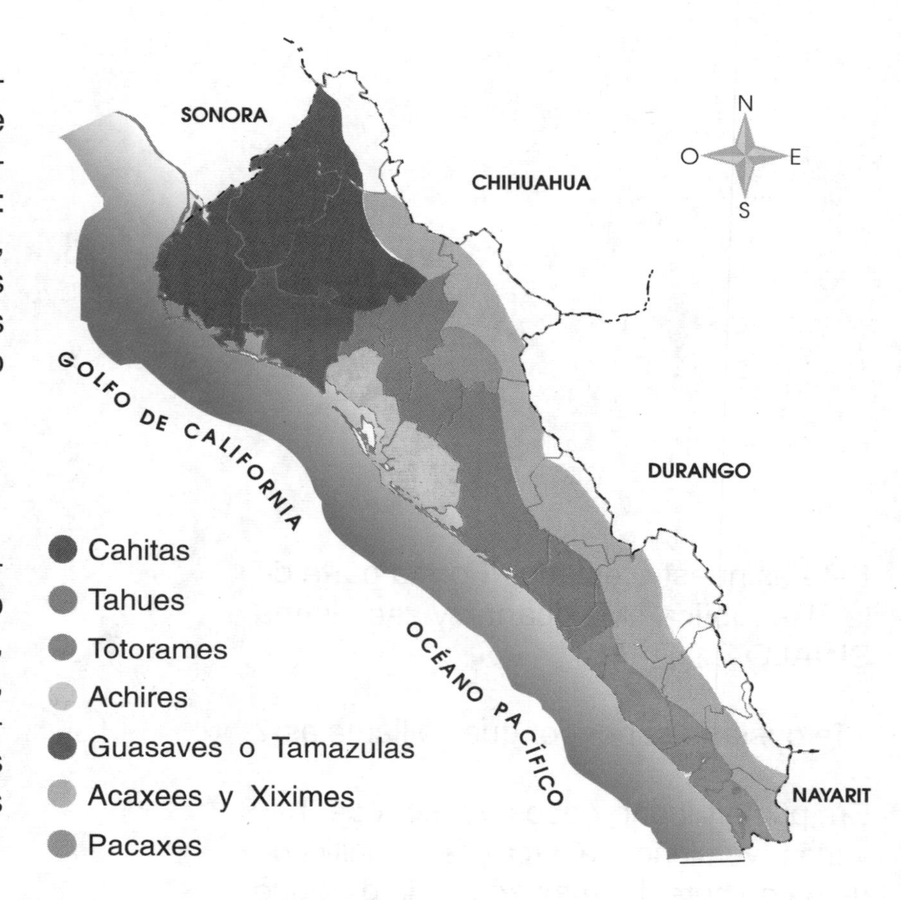

A estos grupos humanos se les conoce como culturas prehispánicas, porque fueron hombres, mujeres y niños, que llegaron y habitaron estas tierras primero que los españoles.

Los principales grupos que habitaron la región de Sinaloa, antes de la llegada de los españoles, fueron: los totorames, los tahues, los cahitas, los xiximes, los acaxees, los achires, los pacaxes y los tamazulas o guasaves.

actividades

Investiga con las personas mayores, a qué grupo pertenecieron los primeros pobladores de tu comunidad.

- **Comenta con tus compañeros y profesor lo investigado.**

LECCIÓN

5. *El municipio y la comunidad en la entidad*

Una calle de la comunidad de Culiacán

La localidad o comunidad en que vives, está formada por muchas familias como la tuya.

Es importante que convivan entre sí, sean amigas y busquen solución a los problemas que se les presenten.

Vivir en comunidad, permite solucionar problemas y satisfacer necesidades que una familia sola no puede resolver.

Tu localidad o comunidad forma parte de una extensión de territorio más grande a la que se llama municipio, y varios municipios forman lo que se llama un estado.

Sinaloa se divide en municipios

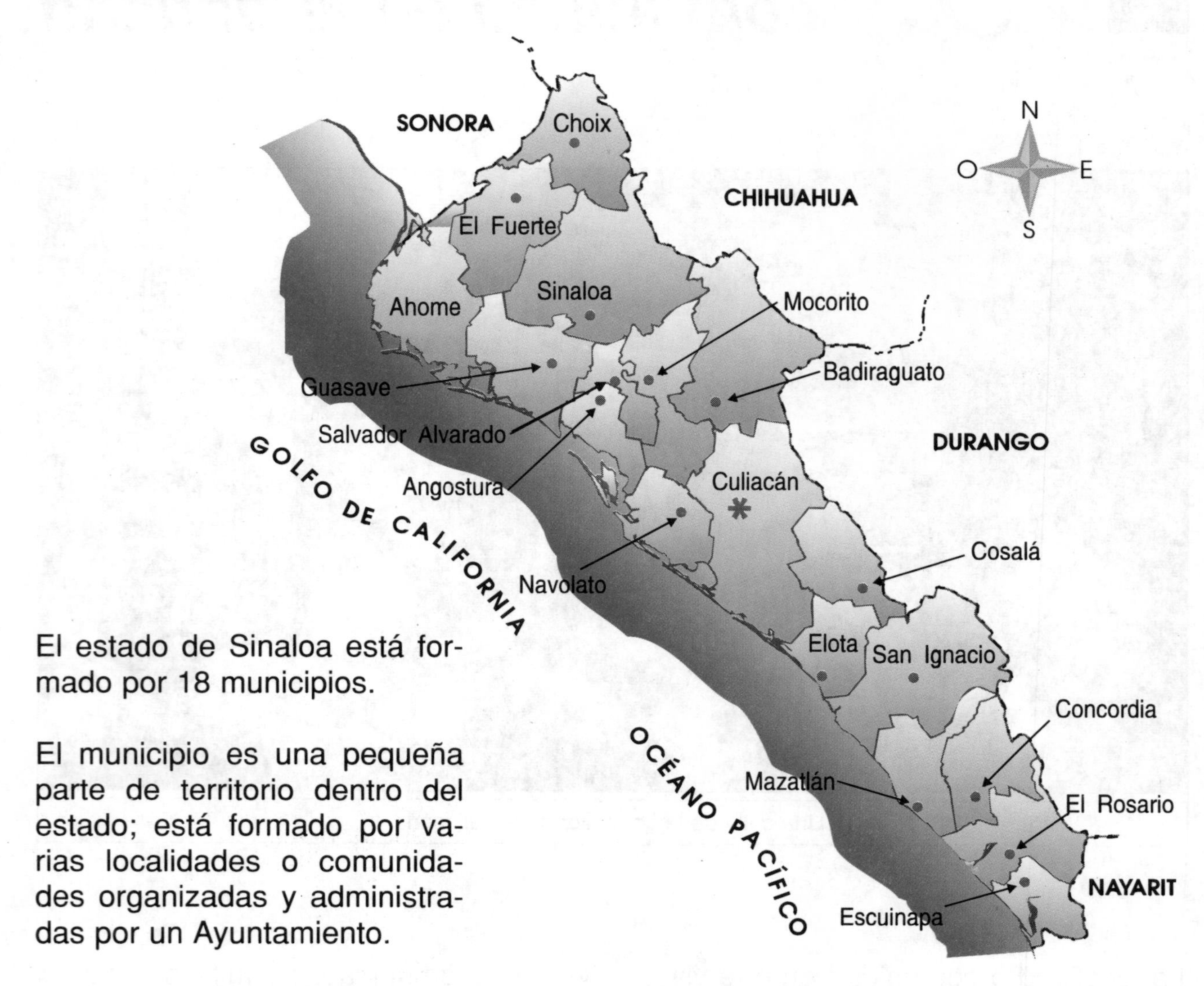

El estado de Sinaloa está formado por 18 municipios.

El municipio es una pequeña parte de territorio dentro del estado; está formado por varias localidades o comunidades organizadas y administradas por un Ayuntamiento.

En el mapa podrás conocer los nombres de cada uno de los municipios de la entidad.

actividades

Calca el mapa de la página siguiente y guiado por tu profesor elabora un rompecabezas.

- **En equipo, juega con el rompecabezas para que identifiques los municipios del estado.**

SONORA
CHIHUAHUA
DURANGO
NAYARIT
GOLFO DE CALIFORNIA
OCÉANO PACÍFICO
Choix
El Fuerte
Ahome
Sinaloa
Guasave
Salvador Alvarado
Mocorito
Badiraguato
Angostura
Culiacán
Navolato
Cosalá
Elota
San Ignacio
Mazatlán
Concordia
El Rosario
Escuinapa
N
O
E
S

Los municipios: origen y significado

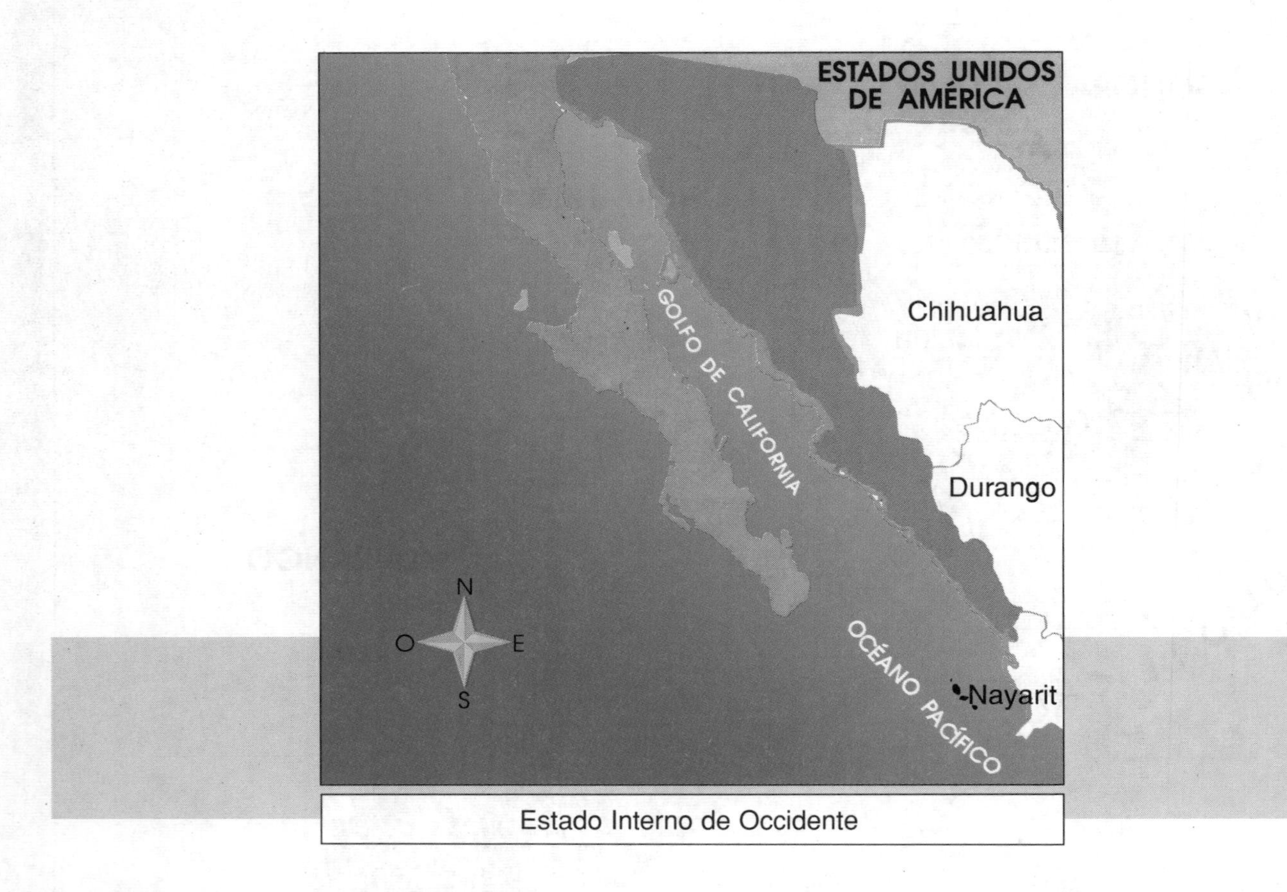

Estado Interno de Occidente

Sinaloa tiene actualmente 18 municipios; pero no siempre ha sido así; pues hace muchos años Sonora y Sinaloa formaban un solo estado, llamado: Estado Interno de Occidente.

El 13 de octubre de 1830, Sinaloa se separó de Sonora y nació como estado independiente, formado por 3 departamentos, hoy municipios: San Sebastián, Culiacán y El Fuerte.

Desde entonces, Sinaloa ha venido aumentando el número de sus municipios. Los más recientes son: Salvador Alvarado, que se formó en 1962, y 20 años después, en 1982, se formó el de Navolato.

En los siguientes recuadros figuran los nombres de los municipios actuales, su escudo y su significado.

1. Ahome

Voz náhuatl que significa "Entre dos ríos".

2. El Fuerte

Su nombre se debe a un fuerte que ordenó construir Juan de Mendoza y Luna para proteger a la población de los ataques de los zuaques y tehuecos.

3. Choix

Vocablo cahita que significa "Lugar de brea" o "donde habitan los colectores de resina".

4. Guasave

Vocablo cahita que significa "Lugar entre milpas" o "donde hay tierra de labor".

5. Sinaloa

Viene del cahita y significa "Lugar de pitahayas" o "pitahaya redonda".

6. Angostura

Este municipio recibe su nombre por encontrarse ubicado en una franja "angosta" de terreno.

7. Salvador Alvarado

Su nombre es en honor del general Salvador Alvarado, distinguido revolucionario sinaloense.

8. Mocorito

Mocorito es un vocablo cahita que significa "Lugar de muertos".

9. Badiraguato

La palabra badiraguato, vocablo cahita-tarasco, quiere decir "Lugar de río entre montañas" o "agua de muchos cerros".

10. Navolato

Voz del cahita-náhuatl que quiere decir "Lugar donde hay tunas o nopales".

11. Culiacán

Vocablo náhuatl derivado de col-hua-can o culhua-can que significa "Lugar de los que tienen o adoran al Dios Torcido".

12. Elota

Voz náhuatl que significa "Lugar de elotes".

13. Cosalá

Cosalá es una voz náhuatl que significa: "Lugar de hermosos alrededores".

14. San Ignacio (Piaxtla)

Nombre del fundador de la Orden de los jesuitas: Ignacio de Loyola. Otros lo definen como una voz derivada del náhuatl que significa: "Lugar donde abundan las calabazas", que corresponde a Piaxtla.

15. Mazatlán

Voz náhuatl que significa: "Lugar donde abundan los venados".

16. Concordia

"Lugar de conformidad y unión".

17. El Rosario

Su nombre se liga a la leyenda de un vaquero que pierde su rosario al perseguir a un animal, al cual buscaba.

18. Escuinapa

Voz náhuatl que significa "En el arroyo del perro" o "agua o río de perros".

actividades

- Investiga lo siguiente:

- **¿Cómo se llama el municipio donde vives?**
- **¿Qué significa el nombre de tu municipio?**
- **¿Cuáles fueron los primeros municipios en que se dividió el estado de Sinaloa?**
- **¿Cuáles son los municipios más jóvenes del estado?**

- Comenta el resultado de tu investigación con tu profesor y tus compañeros.

La comunidad y el municipio en el mapa de Sinaloa

Sinaloa, al igual que los demás estados de nuestro país, está organizado en pequeñas partes de territorio llamadas municipios.

Los municipios están formados por rancherías, pueblos y ciudades, conocidos también con el nombre de comunidades o localidades.

Tu comunidad, ya sea rancho, pueblo o ciudad, junto con otras comunidades, forman el municipio donde tú vives, que junto con los otros 17 municipios forman el estado de Sinaloa.

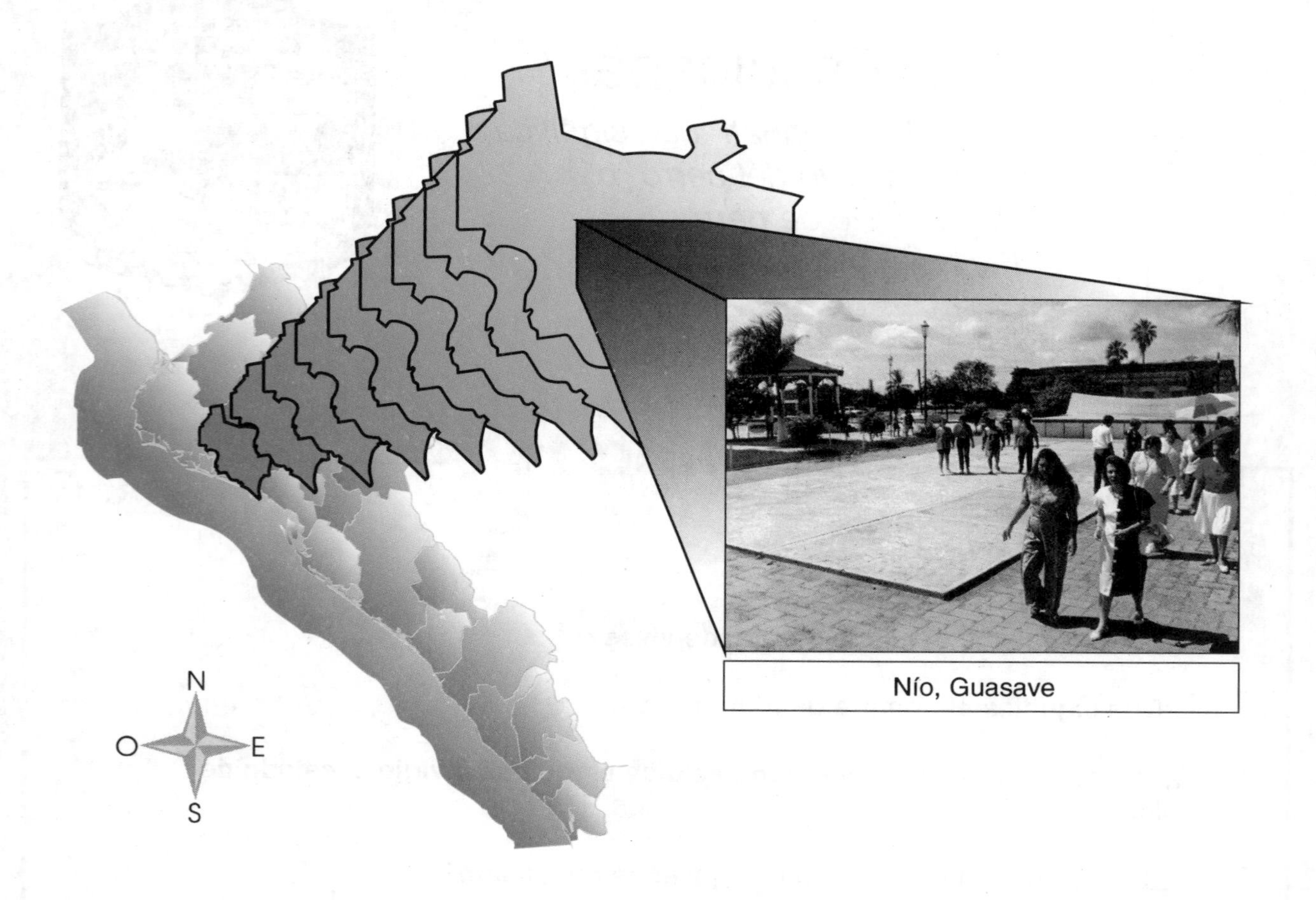

Nío, Guasave

Tu comunidad junto con otras comunidades, forman el municipio; y tu municipio, junto con los otros 17, forman el estado de Sinaloa.

Maloya. Rancho de Rosario

actividades

- Escribe sobre las líneas, las respuestas que complementen el siguiente texto:

Me llamo ______________________________

y vivo en la comunidad de ______________________________

que está ubicada en el municipio de ______________________________

Mi comunidad tiene ______________________________
habitantes y la mayor parte de ellos se dedican a

____

¡Qué bonita es mi comunidad! Lo que más me gusta de ella es:

____

____

Municipios colindantes

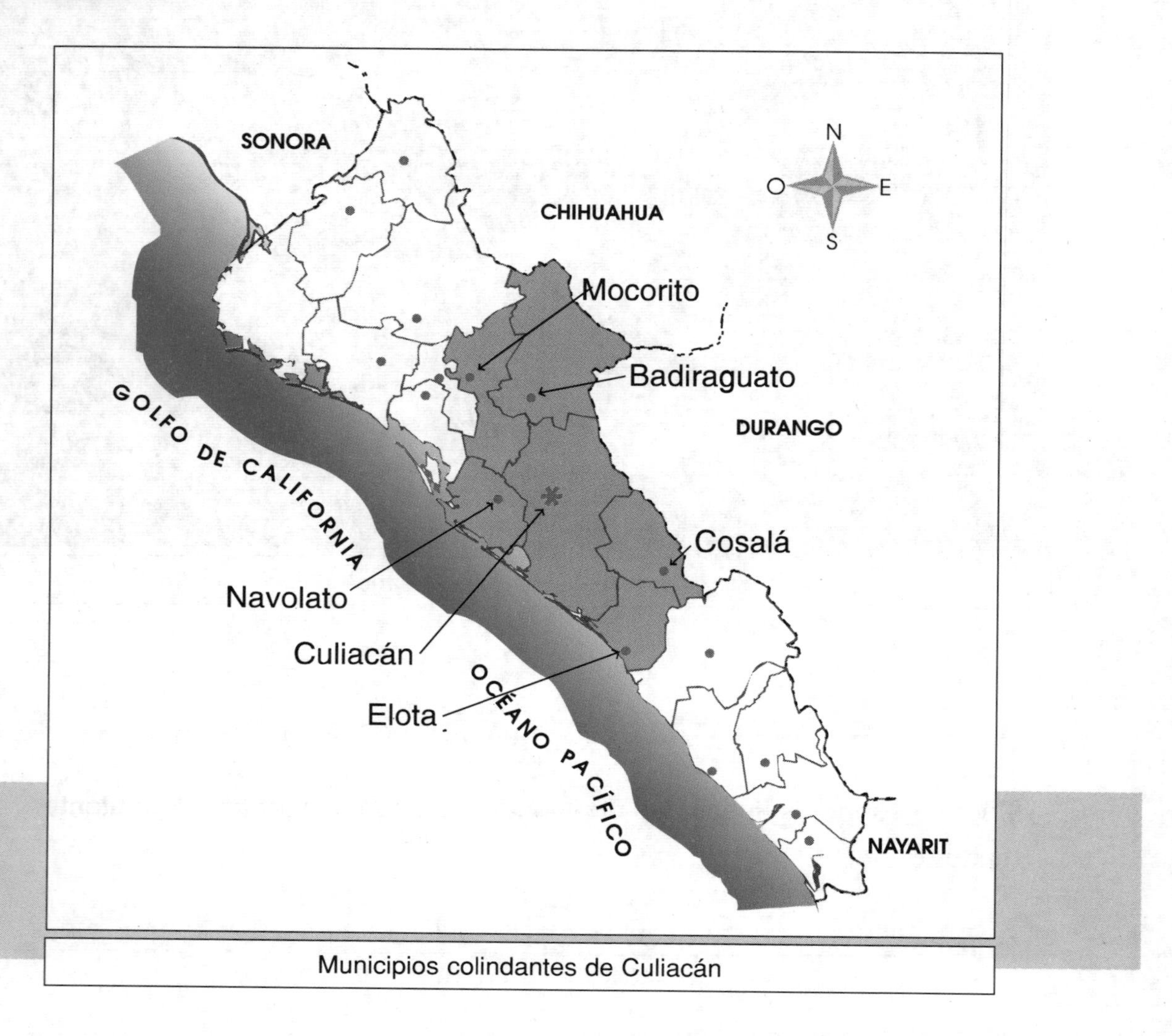

Municipios colindantes de Culiacán

En la comunidad de El dorado, viven Sergio y Javier; ellos son vecinos, porque sus casas están una junto a la otra, pues sólo las separa el cerco de alambre de púas que puso el papá de Sergio.

En la escuela, Sergio y Javier se dieron cuenta que la comunidad de El dorado pertenece a Culiacán y que, además de sus vecinos del pueblo, también tenían vecinos de municipio.

Se llaman municipios colindantes a los que están juntos, es decir, a los que son vecinos.

Culiacán tiene como vecinos a los municipios de Badiraguato, Mocorito, Navolato, Cosalá y Elota; además, el municipio de Culiacán también es vecino del estado de Durango y del Golfo de California.

Culiacán colinda con los municipios de Badiraguato, Mocorito, Navolato, Cosalá y Elota; además, con el estado de Durango y el Golfo de California.

actividades

- Con la ayuda de tu profesor:

- **Dibuja el mapa de tu municipio.**
- **Coloréalo y escribe el nombre de los municipios colindantes al tuyo.**

El gobierno municipal: estructura y funciones

Palacio municipal de Culiacán

Cada municipio cuenta con un gobierno. El gobierno de los municipios se llama Ayuntamiento y reside en la ciudad más importante, que es la cabecera municipal.

El gobierno o Ayuntamiento, está compuesto por un presidente municipal, regidores, síndicos y comisarios.

El presidente municipal y los regidores deben ser nombrados por el pueblo a través de elecciones directas, cada tres años.

¿Cómo se nombran los síndicos y comisarios?

Los síndicos y los comisarios municipales también son nombrados cada tres años por los ciudadanos de la municipalidad que corresponda.

Los gobiernos municipales o ayuntamientos, se guían por la Constitución Política del Estado, que establece los requisitos para ocupar los distintos cargos y les señala sus funciones:

Algunas de las funciones de las autoridades municipales son:

- Hacer cumplir los acuerdos del Ayuntamiento.
- Mantener el orden en la localidad.
- Vigilar que los ingresos del municipio se inviertan con honradez en escuelas, caminos, agua, luz, drenaje, hospitales, mercados, panteones y otros servicios públicos.

Constitución Política del Estado de Sinaloa

El gobierno o Ayuntamiento de un municipio lo forman el presidente municipal , los regidores, los síndicos y los comisarios.

actividades

- Escribe el nombre del presidente municipal de tu municipio.

____

- ¿Quiénes eligen a los regidores?

____

- ¿Cómo se llama el lugar donde está establecido el gobierno municipal?

____

El municipio se divide en sindicaturas

Así como el estado se divide en pequeñas partes de territorio, llamadas municipios, los municipios también, para su funcionamiento, se dividen en sindicaturas; a la autoridad de cada una de ellas, se le llama síndico.

Las sindicaturas, a su vez, se dividen en comisarías; a la autoridad de cada una de ellas, se le llama comisario municipal.

A manera de ejemplo, se presenta el mapa del municipio de Ahome y sus sindicaturas.

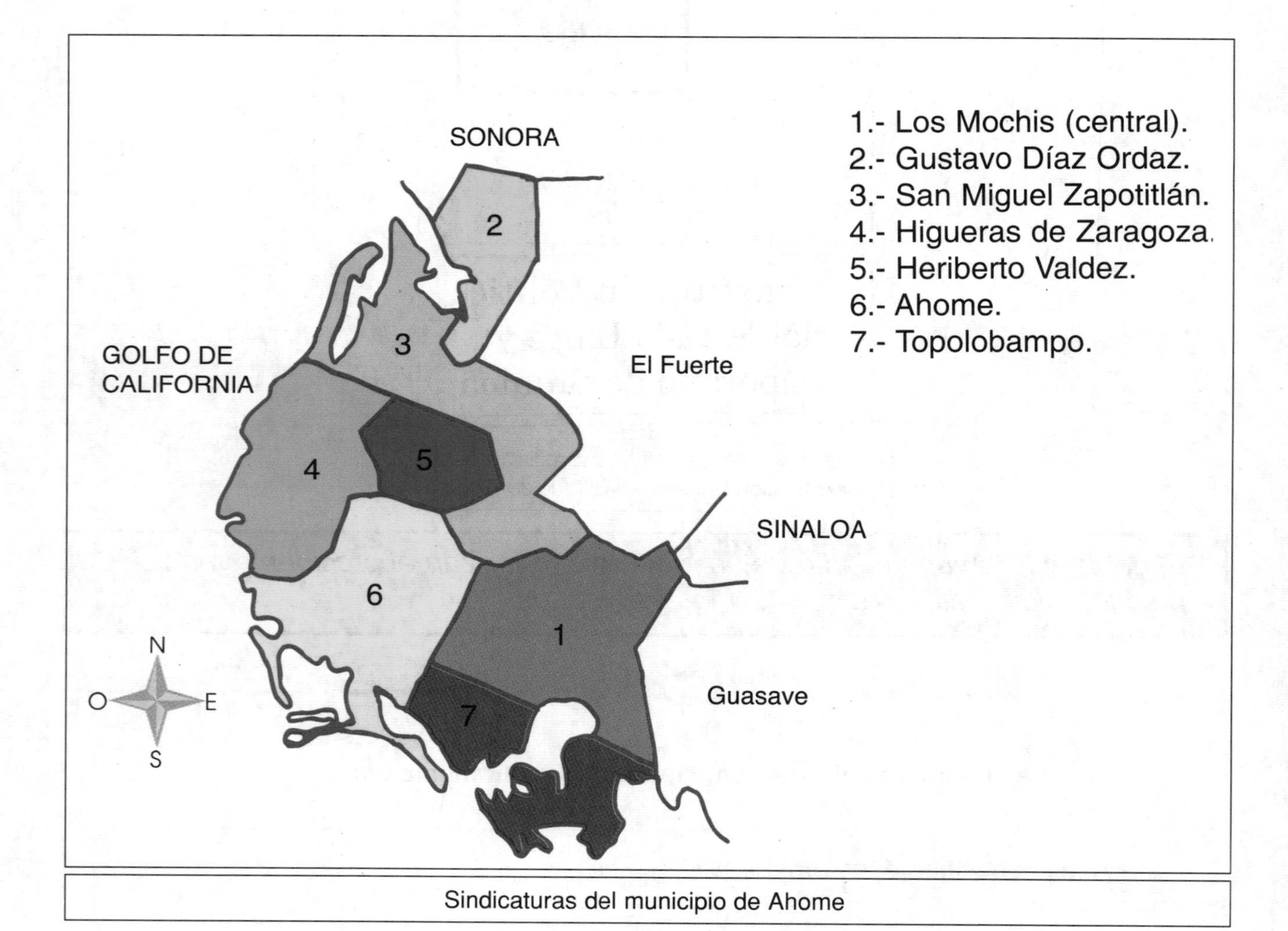

Sindicaturas del municipio de Ahome

Los municipios, para su funcionamiento, se dividen en sindicaturas.

actividades

- Con el apoyo de tu profesor, realiza las siguientes actividades:

• En el mapa de la página 15 de este libro, localiza el municipio en que vives.

• Pide a tu profesor que te dé un mapa del municipio donde aparezcan señaladas sus sindicaturas. Cálcalo en el siguiente recuadro, localiza las sindicaturas, ilumínalas y escríbeles su nombre.

Derechos y obligaciones de los ciudadanos en el municipio

Todas las personas que viven en cada municipio, tienen derechos y obligaciones.

Tú, como niño que eres, tienes algunos derechos y obligaciones.

Tienes derecho a la salud, a la alimentación, a la vivienda y a la educación; a recibir ayuda en primer lugar en caso de emergencia y a no ser maltratado.

Obligación: ayudar en las labores del hogar

Derecho: educación

Algunas de tus obligaciones son: estudiar, ayudar en las labores del hogar y respetar a tus semejantes, a las plantas y a los animales.

Así como tú, las personas mayores, que son las que ya cumplieron 18 años, llamadas también ciudadanos, tienen derechos y obligaciones.

¿Quieres saber cuáles son los derechos y obligaciones de las personas mayores de edad?

Aquí están algunos de ellos, que se señalan en la Constitución Política del Estado de Sinaloa.

OBLIGACIONES:

- Inscribirse en el **catastro** municipal, diciendo sus propiedades, profesión o trabajo.

- Enviar a sus hijos menores de 15 años a la escuela.

- Cooperar con las autoridades para que haya orden y paz pública.

- Votar en las elecciones para elegir a los gobernantes.

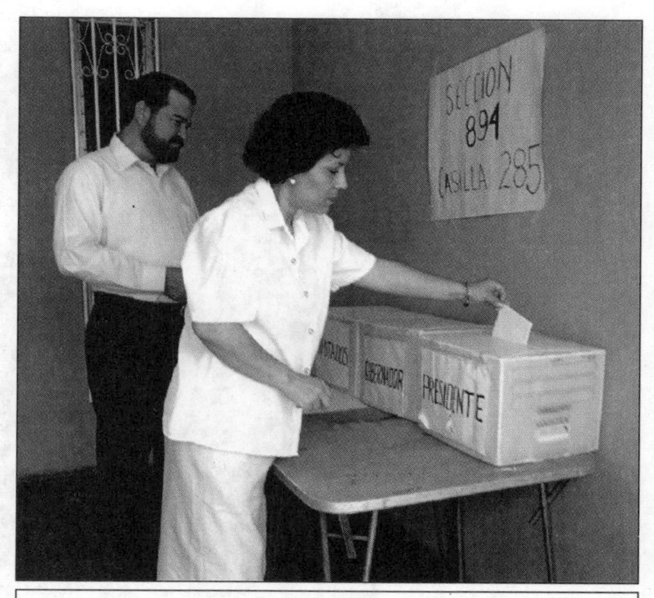

Obligación y derecho: votar

DERECHOS:

- Ser elegidos para formar parte del gobierno, ya sea como regidor, comisario, síndico, presidente municipal o gobernador.

- Participar en la elaboración de las leyes.

- Votar para la elección de autoridades.

- Dedicarse al trabajo que elija, siempre que sea legal.

Derecho: libertad de trabajo

Las personas mayores, que son las que ya cumplieron 18 años, llamadas también ciudadanos, tienen derechos y obligaciones.

actividades

Investiga cuáles son tus derechos y obligaciones en la escuela.
Anótalos en tu cuaderno.
Comenta y discute con tus compañeros la importancia de cumplirlos.

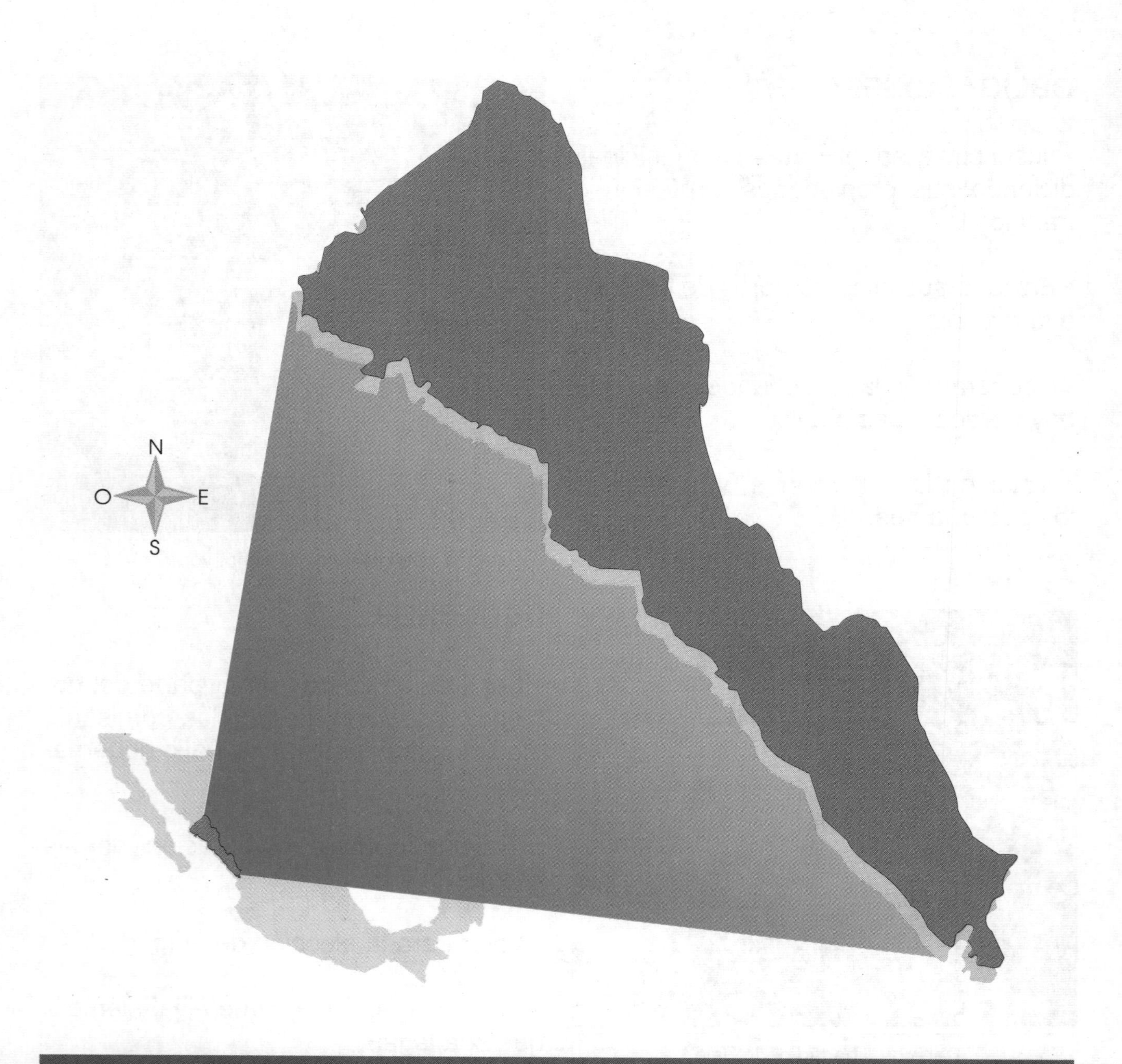

II.- LA ENTIDAD

LECCIÓN

6. Características geográficas del estado de Sinaloa

Es importante que conozcamos el estado en que vivimos; dónde se localiza y quiénes son nuestros vecinos de entidad.

Necesitamos saber cómo somos las personas que vivimos en Sinaloa, con qué recursos naturales contamos; cómo podemos conservar y aprovechar dichos recursos sin destruirlos y cuáles son las principales actividades a las que nos dedicamos.

Localización geográfica

El estado de Sinaloa se localiza en el noroeste de la República Mexicana.

Limita al norte, con los estados de Sonora y Chihuahua; al sur, con el estado de Nayarit; al este, con el estado de Durango, y al oeste, con el Golfo de California y el océano Pacífico.

Sinaloa, por su localización geográfica, cuenta con un gran número de ríos, extensos valles, altas sierras y grandes costas, lo que hace que sea un estado rico en **productos agrícolas, forestales y pesqueros.**

El estado de Sinaloa se localiza en el noroeste de la República Mexicana.

actividades

- Escribe sobre las líneas la palabra adecuada para completar el siguiente texto.

El estado de Sinaloa se localiza en el ______________________ de la República Mexicana. Sinaloa limita al norte, con ______________________ y ______________________; al sur, con ______________________; al este, con ______________________, y al oeste, con ______________________.

- En el siguiente mapa de la República Mexicana, escribe el nombre de Sonora, Chihuahua, Durango, Nayarit, Golfo de California y océano Pacífico, donde corresponda, e ilumina Sinaloa y sus estados colindantes.

Extensión territorial

El estado de Sinaloa tiene una extensión territorial de 56 mil 496 kilómetros cuadrados. Es una pequeña porción de tierra comparada con la que abarca la República Mexicana.

Sinaloa mide 656 kilómetros de largo; 180 kilómetros en su parte más ancha y 68 kilómetros en su parte más angosta.

Su plataforma continental, es decir, las aguas del mar cercanas a las costas del Estado, es de 75 mil 751 kilómetros cuadrados; la superficie de sus islas, es de 608 kilómetros cuadrados.

Sinaloa no sólo es rico por sus grandes extensiones de tierra propias para la agricultura, sino por sus amplios litorales, donde existen muchos y variados **recursos marítimos.**

Sinaloa tiene una extensión territorial de 58 mil 92 kilómetros cuadrados.

actividades

- En el siguiente mapa, escribe las medidas del estado de Sinaloa.

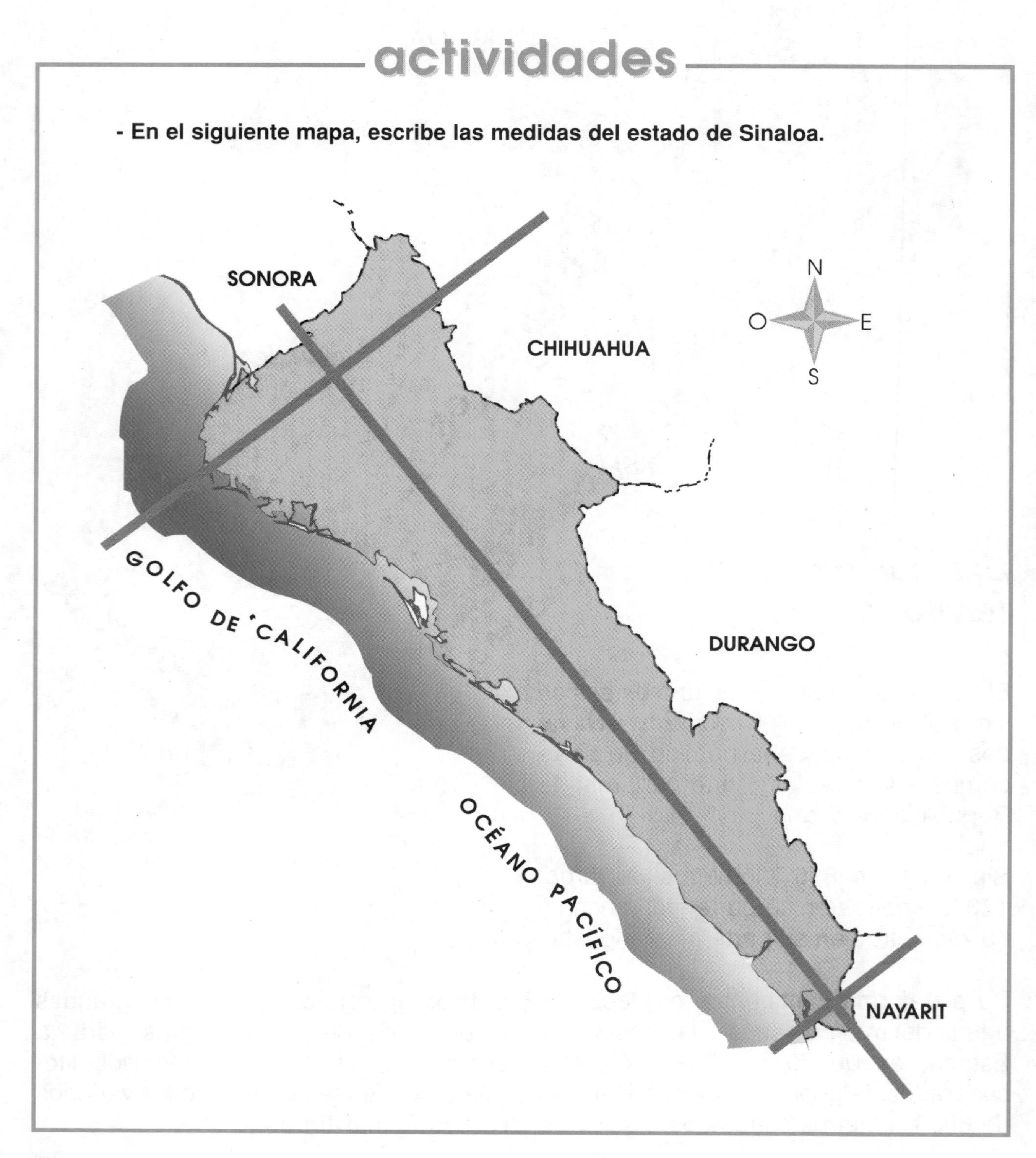

Población

En la República Mexicana, al igual que en otras partes del mundo, cada 10 años se hace un estudio para saber cuántos habitantes hay en su territorio, qué hacen y cómo viven. A este estudio se le llama Censo General de Población y Vivienda.

Para actualizar los datos del censo de 1990 se realizó en México el Conteo de Población y Vivienda en 1995. De ahí podemos saber que en la República Mexicana somos más de 91 millones de habitantes de los cuales más de 2 millones 400 mil vivimos en Sinaloa.

La población de Sinaloa es joven, ya que más de la mitad de sus habitantes tienen menos de 25 años.

La mayoría de la población sinaloense se concentra en ciudades como Culiacán, Mazatlán, Los Mochis, Guasave, Guamúchil, Juan José Ríos, Ruiz Cortínez I y II, poblado Benito Juárez, Navolato, Angostura, La Cruz de Elota, Concordia, Rosario y Escuinapa.

El idioma que habla la mayoría de los sinaloenses es el español; aunque en el norte del Estado hablan algunas lenguas indígenas como el cahita.

En Sinaloa, la principal actividad económica es la agricultura.

Sinaloa tiene 2 millones 424 mil 745 habitantes.Su población es joven, pues más de la mitad de sus habitantes tiene menos de 25 años; su principal actividad económica es la agricultura.

actividades

- Organizados en equipo, observen la tabla de población de Sinaloa que aquí se les presenta. Comenten y contesten las cuestiones que aparecen a continuación.

POBLACIÓN DE SINALOA POR MUNICIPIOS

NOMBRE DEL MUNICIPIO	Nº APROX. DE HABITANTES
COSALÁ	17 MIL
SAN IGNACIO	27 MIL
CHOIX	36 MIL
CONCORDIA	28 MIL
ELOTA	34 MIL
BADIRAGUATO	40 MIL
ESCUINAPA	49 MIL
ANGOSTURA	47 MIL
EL ROSARIO	49 MIL
MOCORITO	52 MIL
SALVADOR ALVARADO	72 MIL
EL FUERTE	90 MIL
SINALOA	90 MIL
NAVOLATO	132 MIL
GUASAVE	264 MIL
AHOME	340 MIL
MAZATLÁN	357 MIL
CULIACÁN	696 MIL

- ¿Cuántos habitantes hay en tu municipio? ______________________

-¿Qué municipio tiene más habitantes? ______________________

-¿Qué municipio tiene menos habitantes? ______________________

- Escribe el nombre de los cinco municipios que tienen mayor número de habitantes.

__________ __________ __________ __________ __________

- Escribe el nombre de los cinco municipios que tienen menor número de habitantes.

__________ __________ __________ __________ __________

Zonas urbanas y rurales

La población se agrupa en conjuntos de familias que viven en un territorio común, donde realizan una serie de actividades, gozan de servicios y tienen una forma de vida parecida o semejante.

A estos conjuntos de familias, con su territorio, se les llama comunidades o localidades.

Estas comunidades, dependiendo de la cantidad de servicios con que cuenten, pueden ser comunidades urbanas o comunidades rurales.

Se llaman comunidades urbanas a las localidades que cuentan con mayor número de servicios públicos, tales como: agua potable, drenaje, electricidad, educación, asistencia médica, comercio y recolección de basura, fundamentalmente.

Pueblo. Cosalá

Ciudad. Mazatlán

En estas comunidades las casas están más juntas unas de otras.

Algunas calles o todas, están pavimentadas; existen oficinas de correos y telégrafos; hay oficinas para las autoridades municipales.

Los habitantes de las comunidades urbanas se dedican principalmente a la industria, al comercio y al trabajo de oficina.

Existen otras comunidades llamadas rurales, donde la población tiene menos servicios públicos. Las casas están menos juntas unas de otras y, generalmente, están separadas por huertas, sembradíos o corrales.

Los habitantes de las comunidades rurales, se dedican a las labores del campo; es decir, a sembrar la tierra, a criar animales o a la pesca.

En Sinaloa, al igual que en casi todos los estados de la República, la población urbana es mayor y se concentra en unos cuantos pueblos o ciudades.

La población rural es menor y se distribuye en un mayor número de localidades llamadas rancherías.

G. Figueroa. DIFOCUR

Comunidad rural

Las comunidades urbanas cuentan con mayor cantidad de servicios públicos y las actividades principales de sus habitantes son la industria, el comercio y el trabajo de oficina. Las comunidades rurales tienen menos servicios públicos y sus habitantes se dedican principalmente a sembrar la tierra, criar animales o a la pesca.

actividades

- En equipo, realiza la siguiente encuesta:

- **¿Cuántos habitantes tiene la comunidad donde vives?**
- **¿Con qué servicios cuenta tu localidad?**
- **¿Cuál es la actividad principal de ese lugar?**
- **¿Se considera zona urbana o zona rural?**

Ciudades principales

En Sinaloa, como en la mayoría de los estados de la República Mexicana, sus habitantes se concentran en las zonas urbanas, formando grandes centros de población llamados ciudades.

Las ciudades principales son aquellas en las que hay mayor concentración de población, mejores servicios públicos, más comercio y, generalmente, en ellas se encuentran los poderes municipales.

En Sinaloa existen varias ciudades que destacan por su importancia, entre ellas tenemos las ciudades de Culiacán, Mazatlán, Los Mochis, Guasave y Guamúchil.

Culiacán es la cabecera de su municipio, y también es la capital del estado. Se localiza donde se juntan los ríos Humaya y Tamazula. Es la ciudad que tiene más habitantes, más escuelas y más hospitales. La industria empieza a desarrollarse y a generar más empleos.

Ciudad de Culiacán

Mazatlán es un puerto natural que, desde años atrás, ha tenido gran importancia para el estado. Además de las actividades pesqueras que ahí se realizan, llegan barcos extranjeros que traen y llevan productos a otros países.

Ciudad de Mazatlán

Mazatlán es la ciudad más visitada por turistas nacionales y extranjeros, lo que es de gran importancia para su economía y la de Sinaloa.

La ciudad de Los Mochis se encuentra en el municipio de Ahome; es una de las mejor trazadas; sus calles son anchas y amplias, la economía de sus habitantes gira alrededor del cultivo de la caña, la industria harinera, las hortalizas de **exportación** y el comercio organizado.

Ciudad de Los Mochis

La ciudad de Guasave es cabecera del municipio de su mismo nombre. Tiene un rico valle agrícola donde se desarrollan la mayoría de los cultivos que el país necesita; se le conoce como "el corazón agrícola de México".

Ciudad de Guasave

Guamúchil es una de las ciudades más jóvenes de la entidad. Es la cabecera del municipio de Salvador Alvarado y presenta un **desarrollo demográfico** y comercial importante en la región.

Ciudad de Guamúchil

Las ciudades más importantes del estado de Sinaloa son: Culiacán, Mazatlán, Los Mochis, Guasave y Guamúchil.

actividades

- **Usando textos, recortes, dibujos y/o postales, elaboren en grupo y por equipos, un periódico mural en el que muestren algunos aspectos importantes sobre las principales ciudades del estado de Sinaloa. Apóyense en el siguiente esquema:**

CIUDADES PRINCIPALES DEL ESTADO DE SINALOA.

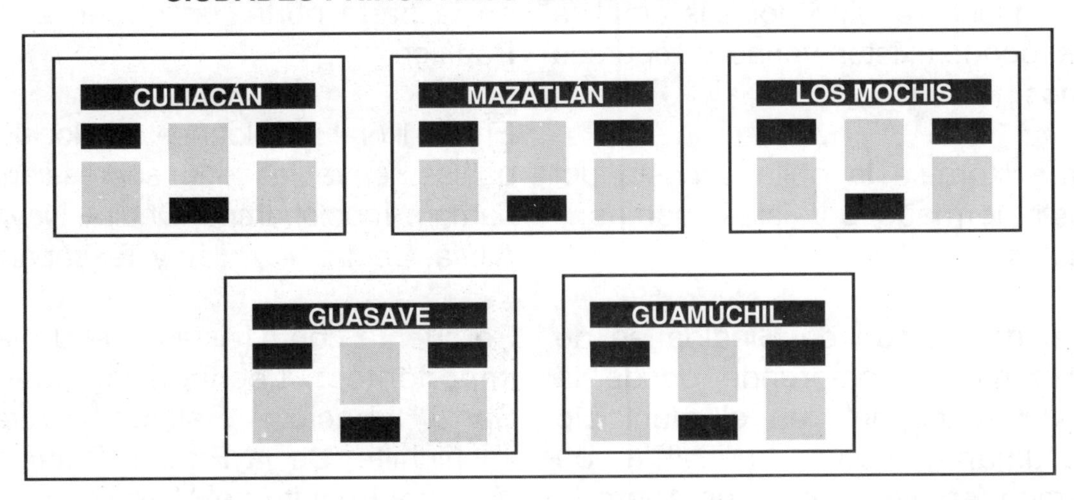

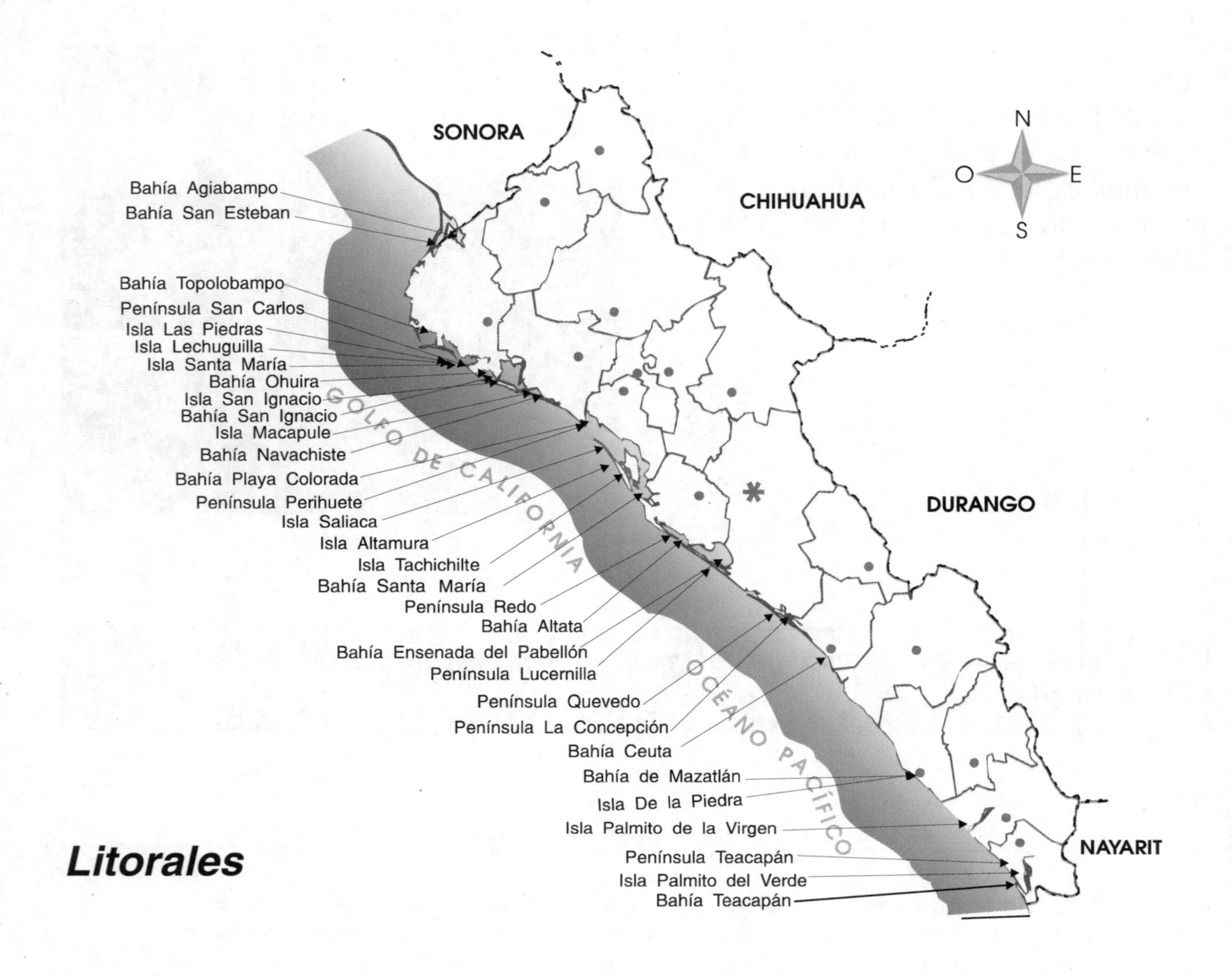

Litorales

Nuestra entidad, no sólo es rica por sus grandes extensiones de tierra propias para la agricultura, sino por sus amplios litorales, donde existen variados recursos marítimos.

Se llama litoral a la orilla o costa del mar, está formado por islas, bahías y penínsulas.

El litoral del estado de Sinaloa es de 656 kilómetros. Comprende desde la "Boca de Teacapán", en el municipio de Escuinapa, hasta la Bahía de Agiabampo, en el municipio de Ahome.

Al litoral sinaloense lo bañan las aguas del Golfo de California o mar de Cortés en la parte norte, en el sur, el océano Pacífico.

En el litoral sinaloense se localizan 13 bahías, entre las que sobresalen: Agiabampo, Topolobampo, Ohuira, Navachiste, Altata, Ceuta, Mazatlán y Teacapán.

Se cuenta con 11 islas, siendo las más importantes: Lechuguilla, Macapule, San Ignacio, Saliaca, Altamura, Tachichilte, De la Piedra, Palmito de la Virgen y Palmito del Verde.

Topolobampo. Litoral sinaloense

Entre las penínsulas más importantes están las de San Carlos, Perihuete, Redo, Lucernilla y Teacapán, que dan lugar a la formación de esteros, marismas y lagunas, donde se desarrollan diferentes variedades de plantas y especies marinas, que permiten que Sinaloa ocupe primeros lugares a nivel nacional en producción pesquera y turismo.

En el litoral sinaloense se ubican comunidades muy importantes, tales como: Topolobampo en Ahome; El Huitusi y el Cerro Cabezón en Guasave; La Reforma y Costa Azul en Angostura; Altata y El Castillo en Navolato; Las Arenitas y Cospita en Culiacán; Agua Verde y Chametla en Rosario; Teacapán y La Tambora en Escuinapa.

En las bahías, lagunas y esteros del litoral sinaloense, se practica la captura de camarón, mero, marlin, mojarra plateada, pargo y lisa; así como la recolección de ostión, pata de mula y almeja; recursos que se aprovechan en la alimentación de las familias sinaloenses, en el mercado nacional y en la exportación a otros países.

El litoral, orilla o costa del mar sinaloense, comprende 656 kilómetros; desde la Bahía de Agiabampo, en el municipio de Ahome, hasta la "Boca de Teacapán", en el municipio de Escuinapa. Lo forman bahías, islas, penínsulas, esteros y marismas.

actividades

- Contesta las siguientes preguntas y coméntalas en el grupo.

- ¿Conoces alguna comunidad pesquera?
- ¿Cómo se llama?
- ¿A cuál municipio pertenece?
- Describe el trabajo que realizan sus habitantes.

- En el siguiente mapa localiza, junto con tu profesor y compañeros, algunos componentes (islas, bahías y penínsulas) del litoral sinaloense y escríbeles su nombre.

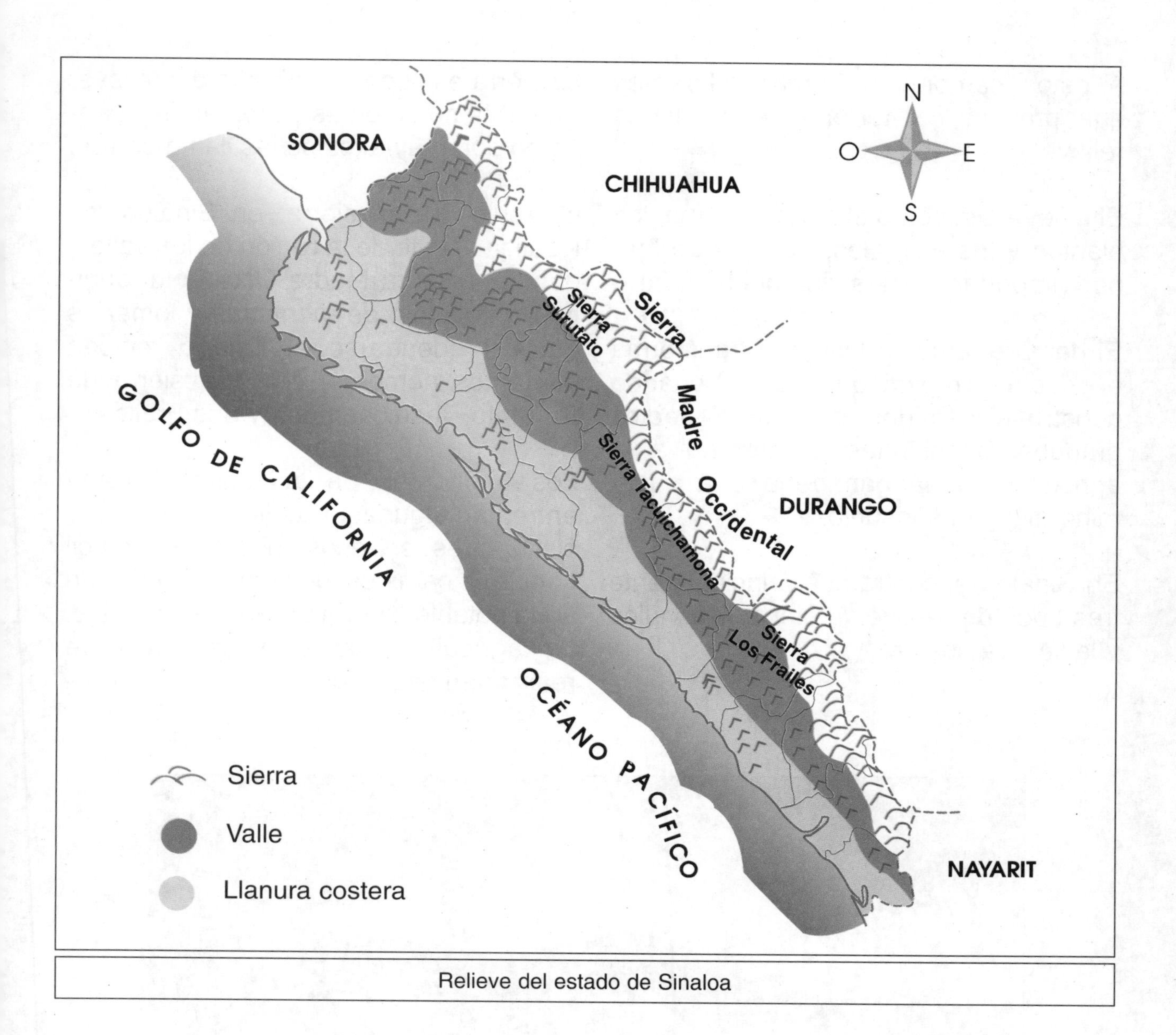

Relieve del estado de Sinaloa

Formas del relieve

¿Has observado que a veces el terreno es plano y que en algunos lugares se ven elevaciones como lomas y cerros?

¿Te has fijado que en otros lugares se ven hundimientos que forman grandes barrancos?

A estos cambios o formas diferentes que presenta el terreno se les llama relieve.

El relieve, así como el agua, el clima, las plantas y los animales, influyen de manera importante en la vida del hombre.

El hombre también influye y transforma el medio o región que habita, cuando construye caminos o cuando dedica grandes extensiones de terreno a la agricultura, a la ganadería o a sacar minerales del subsuelo.

En Sinaloa encontramos principalmente tres tipos de relieve: la sierra, los valles y la llanura costera.

La sierra es la parte más alta del relieve. Se forma con montes y montañas; cuando no son muy altos se les llama cerros.

La región de la sierra, en Sinaloa, se localiza al este de la región de los valles, donde la Sierra Madre Occidental origina un conjunto de montañas y lomeríos que, al adentrarse al Estado reciben diferentes nombres, como la sierra de Suratato, Tacuichamona y Los Frailes.

Los habitantes de la región serrana enfrentan algunas dificultades para subsistir, pues en esos lugares es difícil construir caminos o tener servicios de agua potable, energía eléctrica y drenaje. La agricultura también es difícil de realizar en esos lugares.

G. Figueroa. DIFOCUR

Sierra

Los valles son terrenos planos o planicies que se formaron por acumulación de partículas de roca y de suelo que los ríos transportaron a las zonas más bajas.

Valle

En Sinaloa, los valles se localizan entre la costa y las partes más altas donde empieza la región serrana del estado.

La vida de los sinaloenses, en estos lugares, tiene grandes ventajas, ya que son terrenos fértiles y propios para la agricultura.

La llanura costera es la franja de terreno cercana al mar. Se localiza a todo lo largo del Estado, entre el mar y la región de los valles.

La región costera está formada por partes planas con escasos lomeríos. Los habitantes de estos lugares se dedican principalmente a las actividades pesqueras y agrícolas.

Costa

Los tipos de relieve en Sinaloa son: la sierra, los valles y la llanura costera. La forma del relieve de un lugar es muy importante, pues ayuda o dificulta su desarrollo y el tipo de actividad que realizan sus habitantes.

actividades

- **Bajo la dirección del profesor, comenten en grupo algunas características de los tipos de relieve que se observan en Sinaloa.**

- **Escribe algunos de los comentarios anteriores en el lugar que le corresponda en el cuadro siguiente.**

RELIEVE DE SINALOA

LA SIERRA	EL VALLE	LA LLANURA COSTERA

Ríos del estado de Sinaloa

Ríos y presas

Sinaloa es una entidad con **recursos naturales** muy importantes. Uno de estos recursos es el agua que escurre de las sierras formando ríos y arroyos, la que es almacenada en las grandes presas del estado.

Se llama río a la corriente de agua ininterrumpida que baja de la sierra y que se forma de otras corrientes más pequeñas llamadas arroyos; éstos, a su vez, se forman por la lluvia o por el deshielo de las partes altas de las montañas.

Los ríos del estado de Sinaloa nacen en la Sierra Madre Occidental y, atraviesan la entidad para desembocar en el Golfo de California y otros en el océano Pacífico.

Los nombres de los ríos son: Fuerte, Sinaloa, Mocorito, San Lorenzo, Elota, Piaxtla, Quelite, Presidio, Baluarte, De las Cañas y el Río Culiacán con sus afluentes: Humaya y Tamazula.

El río De las Cañas sirve de límite entre el estado de Sinaloa y el estado de Nayarit.

Las presas son construcciones que el hombre ha hecho para almacenar el agua de los ríos para aprovecharla de mejor manera, tanto para la agricultura, como para la obtención de energía eléctrica.

Gracias a las aguas de sus ríos y sus presas, Sinaloa produce grandes cantidades de granos y hortalizas para el consumo local, nacional y para los habitantes de otros países.

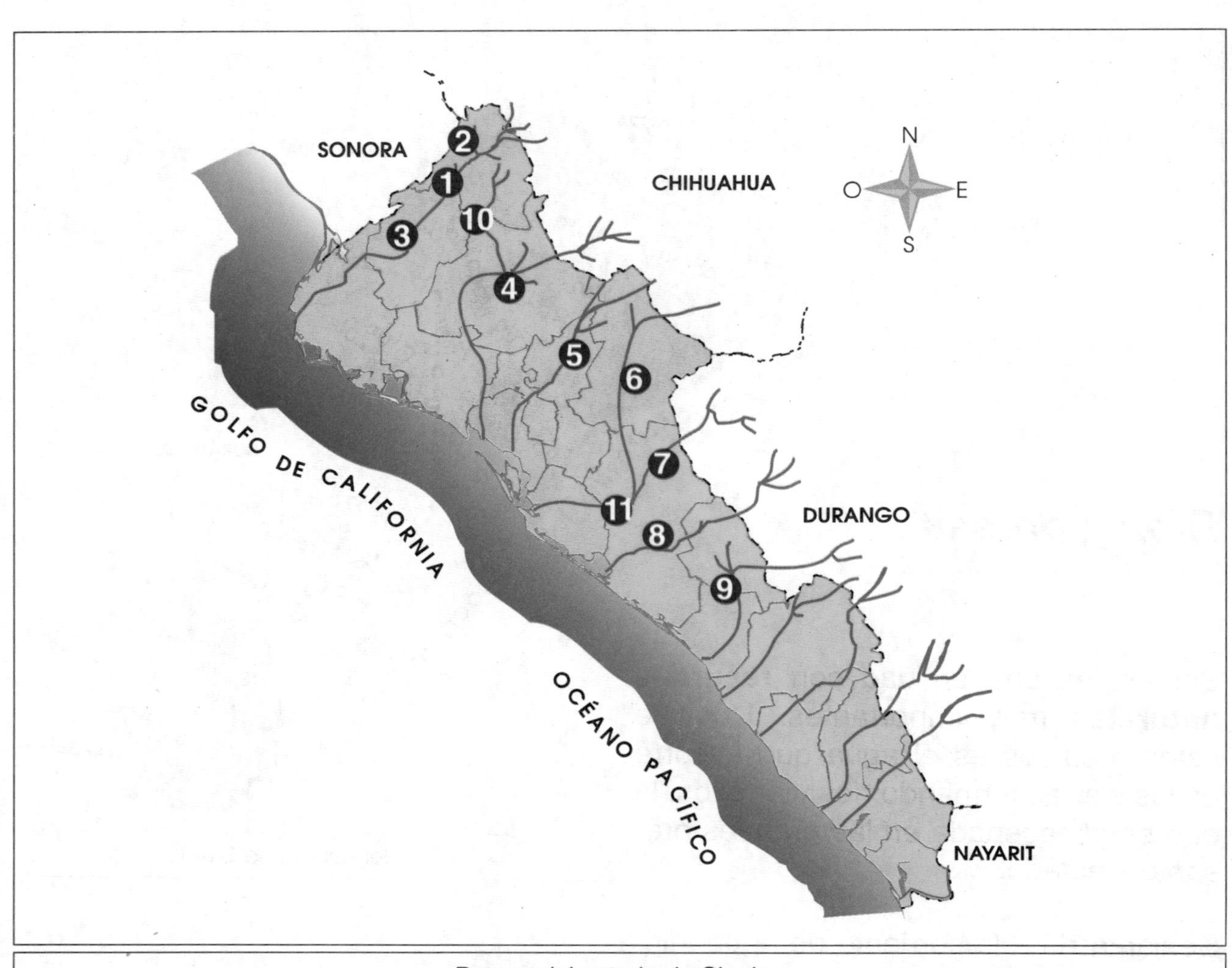

Presas del estado de Sinaloa

PRESAS	RÍOS DONDE SE ENCUENTRAN
1. Miguel Hidalgo (Mahome)	Fuerte
2. Huites	Fuerte (Arroyo de Álamos)
3. Josefa Ortiz de Domínguez (El Sabino)	Fuerte
4. Gustavo Díaz Ordaz (Bacurato)	Sinaloa
5. Eustaquio Buelna (Guamúchil)	Mocorito
6. Adolfo López Mateos (El Humaya)	Humaya
7. Sanalona	Tamazula
8. José López Portillo (El Comedero)	San Lorenzo
9. Aurelio Benassini (El Santo)	Elota
10. Guillermo Blake (El Sabinal)	Arroyo Ocoroni
11. Vinoramas	Arroyo del Bledal (Culiacán)

Los ríos más importantes de Sinaloa son once: Fuerte, Sinaloa, Mocorito, San Lorenzo, Elota, Piaxtla, Quelite, Presidio, Baluarte, De las Cañas y el río Culiacán con sus afluentes Humaya y Tamazula. La mayoría de ellos cuentan con presas que almacenan sus aguas.

actividades

- **Escribe el nombre de los ríos y presas de Sinaloa que conozcas.**

RÍOS	**PRESAS**

- **En el siguiente mapa que se te presenta, juega en equipo a localizar ríos y presas de Sinaloa.**

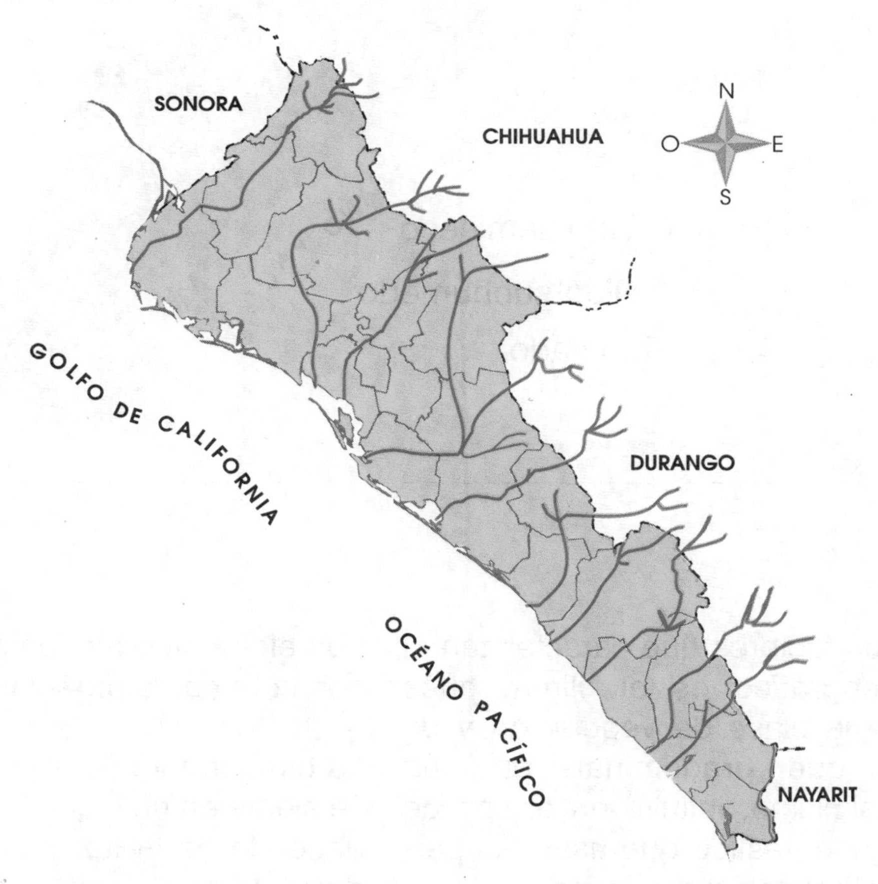

El Clima

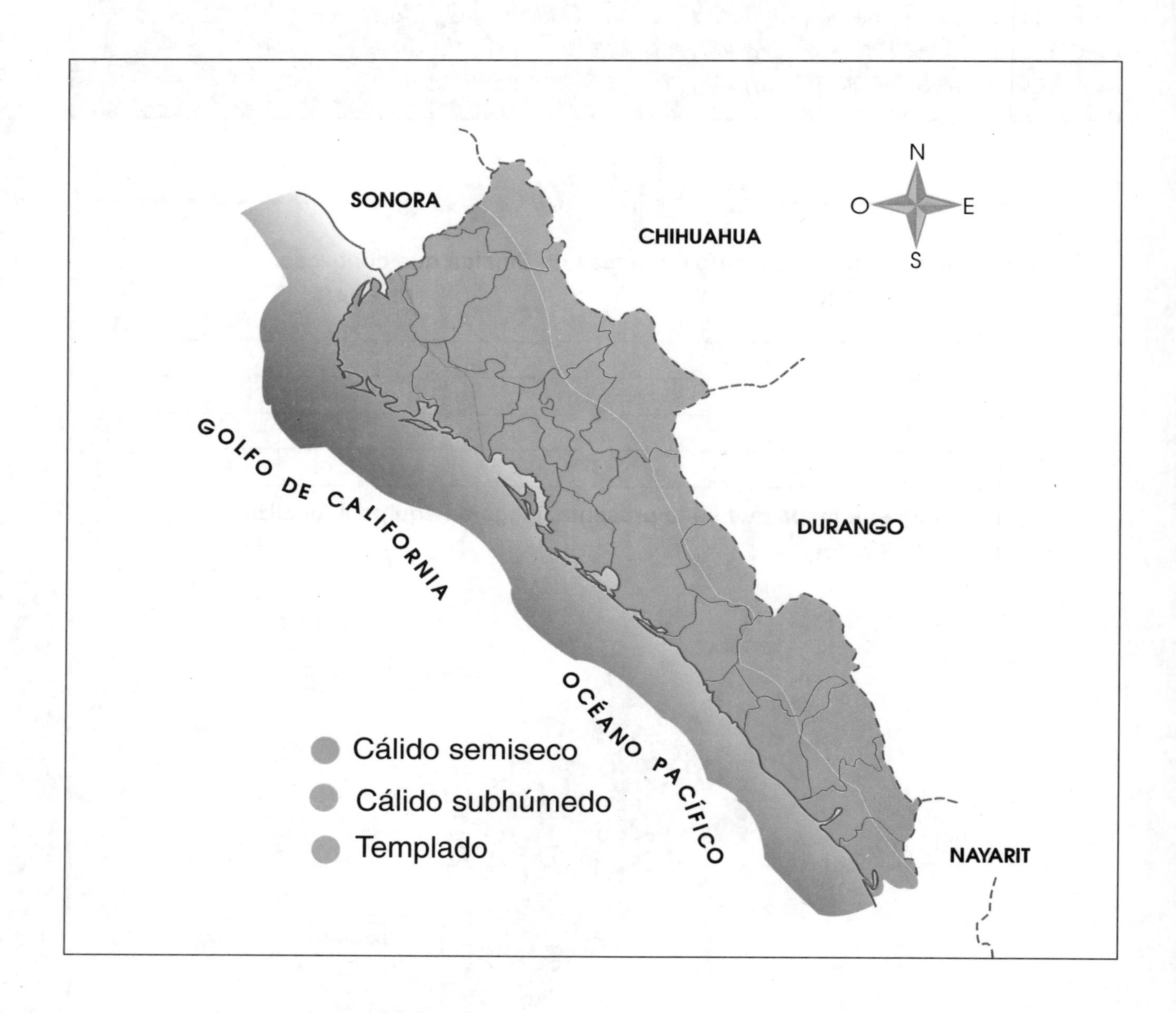

Otro de los factores que caracterizan el medio geográfico es el clima, pues determina la clase de vegetación y de animales que predominan en una región. Asimismo, influye en el tipo de vivienda y de vestido que usan las personas que habitan dicho lugar.

Los elementos fundamentales del clima son la temperatura y las lluvias.

La temperatura es el grado de calor que se siente en un lugar. Dicha temperatura depende de la luz y del calor que produce el Sol.

La temperatura varía según la hora del día, el mes del año y la altura.

Las lluvias se forman por el aumento de la humedad del aire; esta humedad es otro elemento importante del clima.

Los vientos se encargan de distribuir la humedad del aire producida por las lluvias y brisas marinas.

La ubicación geográfica, el relieve y la cercanía del mar, ocasionan cambios en el clima.

Existen tres tipos de climas según la temperatura: cálido, templado y frío, con sus múltiples variantes; según el grado de humedad: húmedo, subhúmedo, semiseco, y seco.

En Sinaloa hay tres tipos de climas: se encuentra el cálido semiseco al noroeste del estado. El cálido subhúmedo es el que predomina en la mayor parte de la región de la costa.

El clima influye en las costumbres de las personas

El clima templado, dentro de la entidad, lo encontramos en la parte este de la región de los valles y las estribaciones de la sierra.

En las partes más altas de la sierra, llega a sentirse mucho frío en los meses invernales.

En el estado de Sinaloa hay tres tipos de climas: cálido semiseco, cálido subhúmedo y templado.

actividades

- En tu cuaderno escribe las respuestas a las siguientes preguntas:

- **¿Cómo es el clima en tu comunidad?**
- **¿Cuáles son los meses más calurosos?**
- **¿Cuáles son los meses más fríos?**

- Presenta tus respuestas ante el grupo.

LECCIÓN

7. Recursos naturales en el estado de Sinaloa

Flora y fauna sinaloense

Los seres humanos necesitamos para vivir no solamente del Sol, del agua y del aire, sino también de las plantas y los animales, a los que llamamos recursos naturales.

Entre los principales recursos naturales de una región están la flora y la fauna.

Flora

Se llama flora al conjunto de plantas que crecen en una zona determinada.

Las plantas son una parte muy importante en la vida del hombre, pues de ellas se obtienen alimentos y medicinas, también sirven para construir muebles, papel, juguetes y muchas otras cosas.

Si no hubiera vegetación no podría haber vida en la Tierra, porque ella produce el oxígeno que los seres vivos necesitamos para respirar.

La vegetación en Sinaloa está formada por plantas nativas y plantas aclimatadas.

Las plantas nativas son las que han existido siempre en el estado, mientras que las aclimatadas son aquéllas que se han traído de otros lugares y que, debido a un medio ambiente favorable, se han podido reproducir.

Algunas plantas nativas de Sinaloa son: álamo, vainoro, amapa, bebelama, encino, fresno, cedro, cardón, aguama, anona, ceiba, carrizo, guayacán, guásima, huizache, guamúchil, macapule, mangle, tule, mezquite, mauto, nanchi, mora, nopal, vinorama, tabachín, venadillo, palofierro, pitahaya, zalate, cacaragua y otras.

Pitahaya. Planta nativa

Entre las plantas aclimatadas podemos mencionar las siguientes: caña de azúcar, lima, limón, naranjo, melón, plátano, mango, lichi, pera, papaya, toronja, tamarindo, durazno, arrayán, aguacate, arroz, papa, pepino, laurel de la India, tabachín, bugambilia y otras.

Fauna

Se llama fauna al conjunto de animales que habitan determinada región.

Bugambilia. Planta aclimatada

Los animales sirven al hombre de muchas maneras. Le ayudan en su trabajo; le proporcionan carne, pieles, huesos y pelo. Algunos pueden ser dañinos y causar enfermedades al hombre o a las plantas.

En la región serrana de Sinaloa, podemos encontrar una gran variedad de animales, entre ellos: venado, gato montés, zorra gris, coyote, zorrillo, ardilla, mapache, tejón, jabalí y conejo; aves como gavilán, aguililla, halcón, paloma, perico, codorniz, gorrión, cuervo, zanate, urraca, chachalaca, zopilote y otros.

En los valles son pocas las especies que se observan, ahí encontramos principalmente el conejo, la liebre, la ardilla, el mapache, el zorrillo, el coyote, el tlacoache y el armadillo.

En la costa existen más de 140 especies de animales. En esta región encontramos patos silvestres, gansos, gallinetas, pelícanos, golondrinas, pichihuilas, palomas de ala blanca, codornices, iguanas, tortugas, caimanes y otros.

La fauna doméstica está representada por: vacas, toros, mulas, caballos, burros, chivos, borregos, gallinas, guajolotes, patos, perros, gatos, marranos y otros.

Entre la fauna marina está el camarón, el ostión, la almeja, el caracol, la corvina, el robalo, el mero, el pargo, la mojarra, la lisa, el pulpo, el botete, el atún, el marlin, el cazón, la carpa, la sardina, el pez sierra, focas, lobos marinos, gaviotas, pelícanos, albatros y otros; además de las especies de agua dulce como la lobina, el bagre, la mojarra tilapia y la rana.

Los recursos naturales tienen una gran importancia en la vida de los seres humanos, por lo que debemos conservarlos y aprovecharlos con responsabilidad.

Guajolote. Fauna doméstica

Focas. Fauna marina

actividades

- **Investiga qué plantas y animales existen en tu comunidad.**
- **Llena los cuadros siguientes como se te indica.**

Animales de tu localidad	Beneficios que se obtienen de ellos

Plantas de tu localidad	Beneficios que se obtienen de ellas

Otros recursos naturales

Agua

El agua es otro recurso natural muy importante para la vida de los seres humanos, las plantas y los animales.

Sinaloa es una entidad rica en este recurso natural, pues cuenta con ríos que atraviesan el estado, desde su nacimiento, en las sierras de Chihuahua y Durango, hasta su desembocadura, unos en el Golfo de California y otros en el océano Pacífico.

Presa Adolfo López Mateos. Culiacán

Los grandes volúmenes de agua que aportan los ríos, y que se almacenan en las presas de la entidad, han permitido que Sinaloa alcance un desarrollo muy importante en la agricultura, la crianza de ganado y la producción de energía eléctrica.

Minerales

Otro recurso existente en el Estado son los minerales que se explotan a través de las minas que se ubican, principalmente, en la alta sierra sinaloense.

Sinaloa cuenta con minerales metálicos como: plata, oro, plomo, cobre, zinc, níquel, cobalto y fierro; y minerales no metálicos como calizas, pusolona, talco, yeso, arena, grava, cal y mármol.

M. Valdés. DIFOCUR

Minería

Las calizas se usan para fabricar cal y cemento; la arena, la grava y el mármol, se utilizan para construir casas.

La actividad que el hombre realiza para obtener los minerales se llama minería.

Las minas más importantes del Estado se localizan en los municipios de El Fuerte, Choix, Sinaloa, Mocorito, Badiraguato, Culiacán, Cosalá, Elota, San Ignacio, Mazatlán, Concordia y El Rosario.

Las plantas, los animales, el agua y los minerales, son recursos naturales que debemos conservar y aprovechar con responsabilidad.

actividades

- **En equipo, integren una muestra de minerales metálicos y no metálicos que puedan conseguir y exhíbanlos en el grupo.**

LECCIÓN

8. Principales transportes y vías de comunicación en Sinaloa

Las vías de comunicación y medios de transporte son muy importantes para el desarrollo de los pueblos.

Sinaloa es una entidad que cuenta con numerosas vías de comunicación tanto terrestres como marítimas y aéreas. Entre las vías de comunicación terrestre se encuentran las carreteras y los ferrocarriles.

Carretera "La Costera"

Carreteras

Las carreteras más importantes de Sinaloa son:

La Carretera Internacional Nº 15 México-Nogales, que cruza a la entidad de sur a norte.

La carretera Licenciado Benito Juárez, llamada "La Costera", va de Culiacán a Las Brisas, Guasave.

La Maxipista, que también es carretera costera, une a la ciudad de Culiacán con Mazatlán.

La carretera Mazatlán-Durango, parte de Mazatlán pasando por Villa Unión, Malpica, Concordia, Copala y el Palmito, hasta llegar a Durango.

Carretera Internacional Nº 15

Principales carreteras del estado

Ferrocarriles

Ferrocarril Chihuahua-Pacífico

Ferrocarriles del estado

El ferrocarril es un importante medio de transporte para el desarrollo económico de los pueblos.

En Sinaloa, los servicios ferroviarios son proporcionados por el Ferrocarril del Pacífico y el Ferrocarril Chihuahua-Pacífico.

Los sinaloenses podemos viajar en el Ferrocarril del Pacífico, hacia el norte, hasta Mexicali, Baja California, y hacia el sur, hasta Guadalajara, Jalisco.

En el Ferrocarril Chihuahua-Pacífico podemos viajar desde Los Mochis hasta Ojinaga, Chihuahua.

También por tren se llevan a otros estados los principales productos de la agricultura sinaloense, como son: tomate, chile, pepino, calabaza, maíz, sorgo, frijol y arroz; también camarón, pescado, ganado caprino, vacuno o lanar.

El Ferrocarril Chihuahua-Pacífico cruza al Estado de este a oeste con 187 kilómetros de vía, pasando por los municipios de El Fuerte y Choix, hasta llegar al puerto de Topolobampo, en el municipio de Ahome.

El Ferrocarril del Pacífico cuenta con **ramales** de Culiacán a Navolato, con 30 kilómetros de vía, y de Quilá a El Dorado, con 22 kilómetros.

Los ferrocarriles son un medio de transporte muy importante en la entidad.

Aeropuerto Internacional de Culiacán

Aeropuertos

Los aeropuertos son lugares de donde salen y llegan aviones de pasajeros y de carga.

Sinaloa tiene aeropuertos en Los Mochis, Culiacán y Mazatlán.

Los aeropuertos de Culiacán y Mazatlán son de categoría internacional, pues aparte de comunicar a estas ciudades con las de México, Guadalajara, Hermosillo, Monterrey y Tijuana, lo comunican también con otras ciudades del extranjero.

El aeropuerto de Los Mochis, es de corte nacional, pues permite comunicar al Estado con otras ciudades en el interior de la República Mexicana.

También existen más de 100 aeropistas en las que dan servicio pequeñas compañías de aviación, cuya principal actividad es cumplir la función de aerotaxis para transportar carga y pasajeros a diferentes partes de la región serrana del estado.

Este servicio de aerotaxis, en pequeñas avionetas, ocupa un lugar muy importante en la comunicación dentro de la entidad, ya que une los grandes centros urbanos con numerosas localidades rurales que se encuentran en diferentes lugares de la sierra, tales como Surutato, Bacubirito, El Fuerte, Choix, Santiago de los Caballeros, Tameapa y otros.

M. Valadés. DIFOCUR

Puerto de Mazatlán

Puertos

Los puertos son lugares construidos en la costa; es decir, a la orilla del mar, donde llegan y salen los barcos.

De estos lugares se puede viajar a otros puertos de México y del mundo; enviar o traer cosas como maíz, frijol, carros, pescado, ganado, ropa, juguetes y otros productos que los hombres elaboran y necesitan para vivir.

Los puertos son de altura o de cabotaje.

Los de altura son aquellos como los puertos de Mazatlán y Topolobampo, a donde llegan grandes barcos y se puede comerciar con otros países.

Los de cabotaje son aquellos como el puerto de Altata, donde solamente llegan pequeñas embarcaciones de lugares cercanos.

En los puertos de Mazatlán y Topolobampo existen servicios de transbordadores que van al puerto de La Paz, comunicando a Sinaloa con el estado de Baja California Sur.

Sinaloa cuenta con los puertos de Mazatlán, Topolobampo y Altata.

actividades

- En el mapa que se te presenta a continuación, realiza las siguientes actividades:

• Traza la Carretera Internacional Nº 15.
• Traza la vía del Ferrocarril Chihuahua-Pacífico.
• Anota el nombre de los aeropuertos señalados con una flecha.
• Escribe el nombre de los puertos que se señalan con color.

- Comenta en tu grupo ¿por qué es importante que los pueblos o ciudades cuenten con transportes y vías de comunicación?

LECCIÓN

9. Ocupaciones principales de la población

G. Figueroa. DIFOCUR

Cultivo de tomate

Actividades productivas

El progreso y avance del estado de Sinaloa se debe al esfuerzo de sus hombres y mujeres, quienes trabajan realizando diversas actividades para producir las cosas que les permiten vivir mejor.

Con su trabajo, los hombres construyen casas, presas, canales y carreteras; fabrican diversos aparatos; hacen producir la tierra y obtienen productos del mar.

Todo lo que hacen los hombres a través del trabajo se llaman actividades productivas.

Las principales actividades productivas que se realizan en Sinaloa son: la agricultura, la pesca, la ganadería, el comercio y la industria.

Productos

Con el trabajo que los sinaloenses realizan en las principales actividades productivas, se obtienen una gran variedad de productos que se utilizan tanto para el consumo local, como para el nacional.

Éstos son algunos de los productos que se obtienen en la entidad:
De la agricultura: Tomate, frijol, maíz, soya, caña de azúcar y calabaza.
De la ganadería: Carne, queso, chorizo y leche.
De la pesca: camarón, atún, lobina, sardina y marlin.
De la industria: puré de tomate, harina, azúcar, cerveza, aceite comestible y chilorio.

De la agricultura

De la ganadería

De la pesca

De la industria

Entre los principales productos que se obtienen mediante el trabajo de los sinaloenses están: tomate, cerveza, queso, chilorio, atún, sardina, harinas y aceite comestible.

actividades

- **Dibuja en tu cuaderno algunos productos que se elaboran en tu comunidad.**
- **Ilumínalos y escríbeles su nombre.**

Servicios públicos

En Sinaloa, como en los demás estados de la República, sus habitantes se concentran en grandes centros de población, es por ello que la mayoría de los sinaloenses vivimos en ciudades que cuentan con servicios públicos.

Hay algunos pueblos y rancherías que también tienen algunos de estos servicios.

Los principales servicios públicos de las localidades de la entidad son: educación, asistencia médica, agua potable, alumbrado, drenaje, recolección de basura, transporte urbano, bomberos, policía y tránsito.

Estos servicios son muy importantes para las comunidades y sus habitantes, porque significan progreso y bienestar. Todos los habitantes debemos cuidarlos para que no se deterioren o se destruyan.

Camión recolector de basura

Escuela Primaria General Álvaro Obregón. Culiacán

Los servicios públicos como el agua potable, drenaje, educación, asistencia médica y alumbrado son muy importantes para las comunidades y sus habitantes porque significan progreso y bienestar.

actividades

- Realiza las siguientes cuestiones:

- **Elabora una lista de los servicios que hay en tu comunidad.**
- **¿Cuáles crees que hacen falta?**
- **¿Qué podría hacerse para conseguirlos?**

- Coméntalo con tu grupo.

LECCIÓN

10. El gobierno del estado de Sinaloa

Los estados que forman la República Mexicana están unidos en una federación, llamada Estados Unidos Mexicanos; pero, en su régimen interno, son libres y soberanos.

Sinaloa, como el resto de los estados, tiene un gobierno propio que cuida y vigila que sus habitantes cumplan y respeten las leyes, para que no haya problemas.

Estructura y funciones

El gobierno está constituido por tres poderes: Legislativo, Ejecutivo y Judicial.

El Poder Legislativo está representado por el Congreso del Estado, formado por varias personas llamadas diputados, su función más importante es: *hacer las leyes.*

Congreso del Estado

Palacio de Gobierno

El Poder Ejecutivo está representado por el gobernador del Estado, su principal función es: *ejecutar o realizar las tareas de gobierno.*

El Poder Judicial está representado por el Supremo Tribunal de Justicia, formado por los jueces, su función principal es *cuidar que se apliquen adecuadamente las leyes y castigar a quienes las violan.*

Palacio de Justicia

El gobierno del estado está constituido por tres poderes: Legislativo, Ejecutivo y Judicial.

Mural de Francisco Arjona. (Fragmento)

Conquista de Culiacán

III.- INTRODUCCIÓN AL ESTUDIO DEL PASADO

LECCIÓN

11. Una historia personal

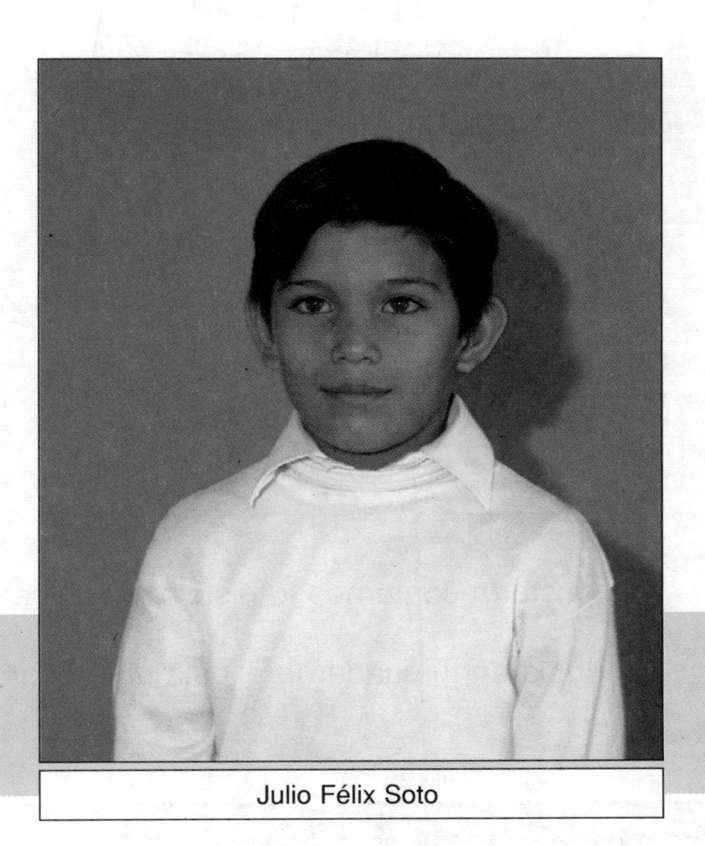

Julio Félix Soto

Cuando se platica de las cosas que ya pasaron, de lo que sucedió hace mucho tiempo, se dice que estamos hablando de la historia de las cosas o de los hechos.

Las personas, al igual que las cosas y los hechos, también tenemos un pasado o historia. Tú, niño como eres, también tienes una historia

La historia de tu vida se inicia desde que naciste, hasta el día de hoy.

Un niño, que se llama Julio, nos platicó por carta su historia personal, y es ésta:

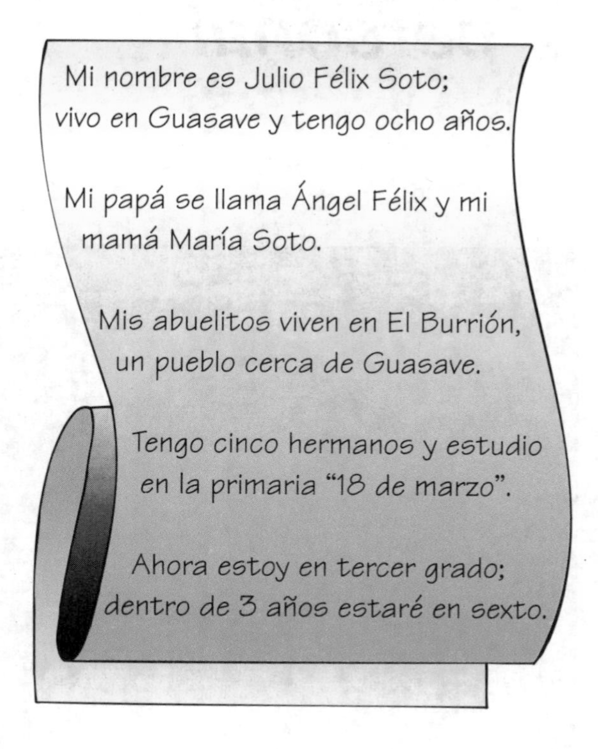
Mi nombre es Julio Félix Soto; vivo en Guasave y tengo ocho años.

Mi papá se llama Ángel Félix y mi mamá María Soto.

Mis abuelitos viven en El Burrión, un pueblo cerca de Guasave.

Tengo cinco hermanos y estudio en la primaria "18 de marzo".

Ahora estoy en tercer grado; dentro de 3 años estaré en sexto.

¿Te gustaría contarnos tu historia personal?

Escríbela en tu cuaderno y léela ante el grupo.

Recuerda que las personas y las cosas tienen un pasado; es decir, tienen una historia.

actividades

- En los recuadros de abajo escribe los años que correspondan.

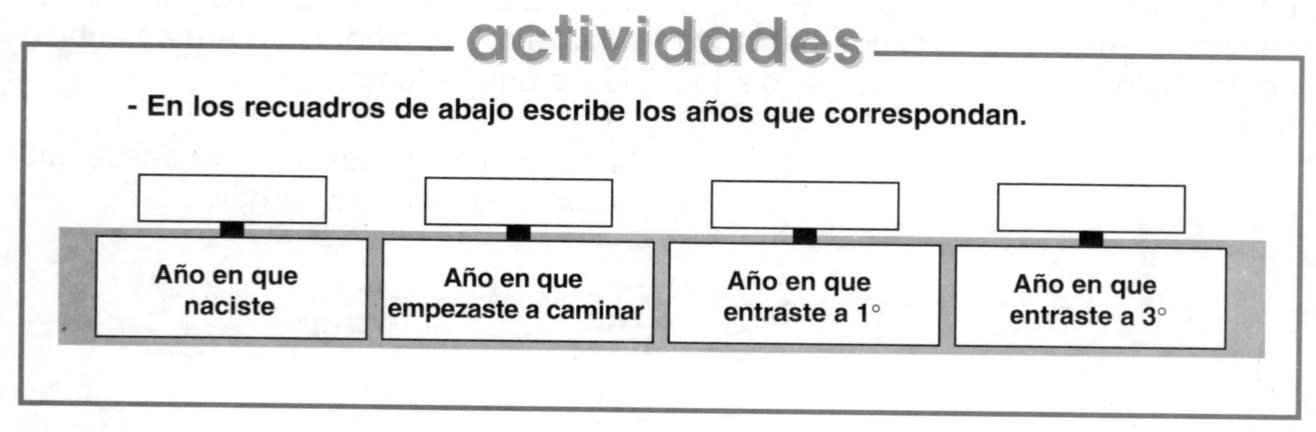

LECCIÓN

12. El pasado de una familia

El árbol genealógico

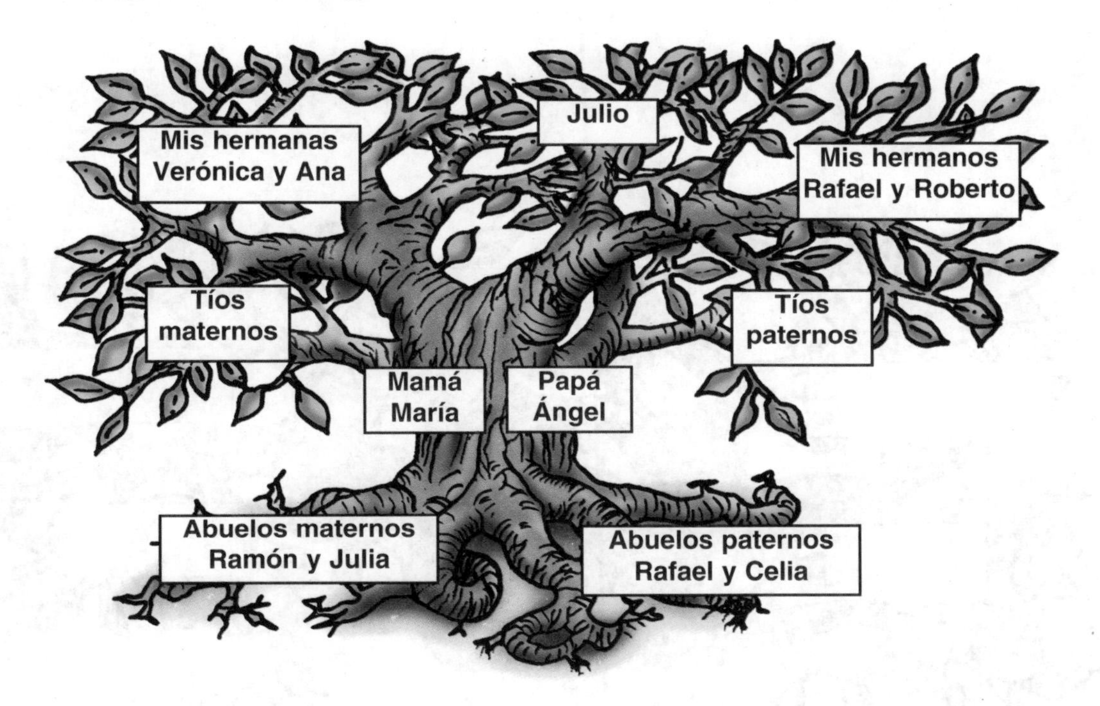

La familia de Julio, el que nos platicó su historia, llegó a Guasave hace muchos años. Ellos vinieron del municipio de Sinaloa, porque a su papá le dieron tierras en el valle de Guasave.

Primero vivieron en el ejido San Rafael, y tiempo después, cambiaron su casa a El Burrión.

Los papás de Julio, cuando eran niños, estudiaron en la misma escuela que él.

Julio nos dijo que conoce un poco la historia de su familia porque su papá le platica de ella. Además, le mostró un "árbol genealógico"; es decir, una representación gráfica de las relaciones de parentesco de la familia.

Este es el árbol genealógico de la familia de Julio, si no lo entiendes, pide a tu profesor que te ayude a interpretarlo.

El "árbol genealógico" permite representar en forma gráfica las relaciones de parentesco de la familia.

actividades

- **Con la ayuda de tus papás o de tu profesor, elabora tu árbol genealógico.**

LECCIÓN

13. Los testimonios de la historia personal y familiar

Objetos del pasado de una familia

El papá de Julio se llama Ángel y su abuelo, Rafael. Todos le dicen don Rafael, porque ya está muy anciano.

A don Rafael le gusta mucho platicar sobre la historia de las cosas. Dice que hace muchos años, ellos labraban la tierra con un arado jalado por bueyes o por mulas; que se trasladaban de un lugar a otro a caballo o en carretas y que se alumbraban con lámparas de petróleo.

La abuelita de Julio dice que ella calentaba la plancha en las brasas y que preparaba la comida en las hornillas; la ropa que usaban era de algodón y se hacía en la casa con aguja de mano.

Los abuelitos de Julio tienen muchos recuerdos de las cosas pasadas de la familia, porque ellos las vivieron.

Las familias tienen un pasado o historia formado por los hechos y acontecimientos que les sucedieron y les tocó vivir.

actividades

- **Platica con tus papás o con tus abuelitos y pídeles que te cuenten el pasado o historia de tu familia y te muestren fotografías y objetos de ese pasado.**

- **Escríbelo a continuación y léelo ante el grupo.**

HISTORIA DE MI FAMILIA

____

____

____

____

____

____

____

____

____

____

____

____

____

____

LECCIÓN

14. La medición del tiempo

En los cursos anteriores aprendiste que el tiempo se mide con el reloj y con el calendario.

Reloj

Con el reloj se miden las horas, los minutos y los segundos; con el calendario los días, los meses y los años.

Es importante recordar que un día se compone de 24 horas, un mes de 30 ó 31 días y un año se forma con 12 meses.

Al período de tiempo formado por 10 años se le llama década, cada 10 décadas forman un siglo, es decir, 100 años.

Medir el tiempo nos ayuda a saber cuándo vamos a entrar a la escuela, cuándo van a terminar las clases; recordar el cumpleaños de nuestros papás, el día del niño; así como los hechos más importantes de nuestra familia o de la comunidad donde vivimos.

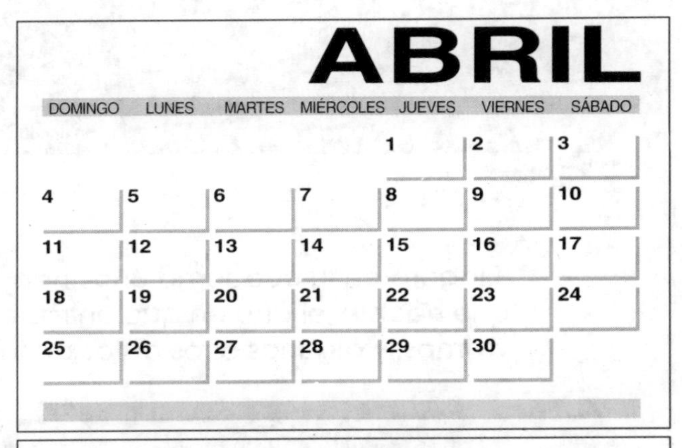

ABRIL

DOMINGO	LUNES	MARTES	MIÉRCOLES	JUEVES	VIERNES	SÁBADO
				1	2	3
4	5	6	7	8	9	10
11	12	13	14	15	16	17
18	19	20	21	22	23	24
25	26	27	28	29	30	

Los días de la semana

Los meses del año

Saber medir el tiempo nos ayuda a conocer el pasado de nuestra familia y otras cosas que sucedieron.

actividades

-Elabora una línea del tiempo con base en el modelo que se te presenta.

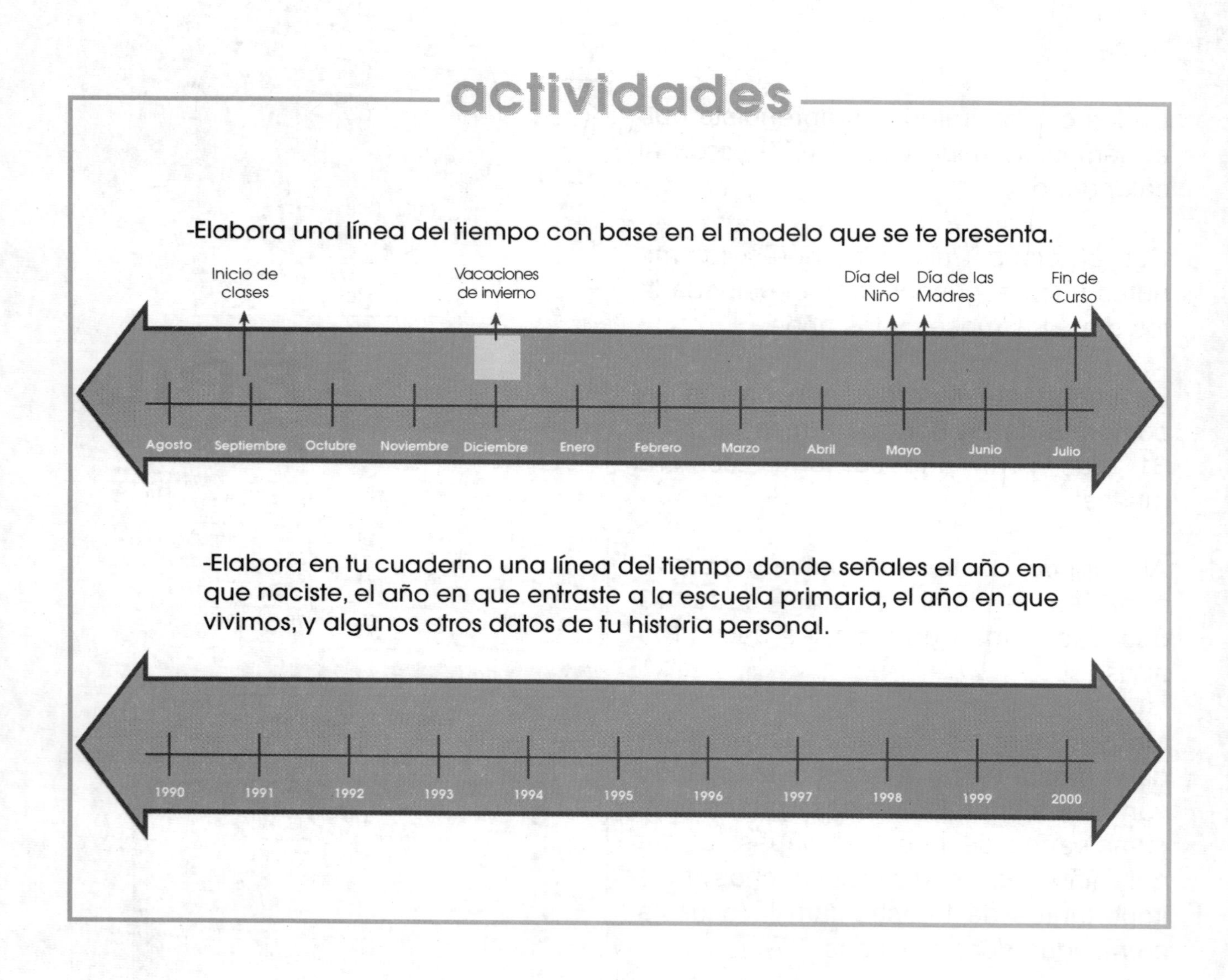

-Elabora en tu cuaderno una línea del tiempo donde señales el año en que naciste, el año en que entraste a la escuela primaria, el año en que vivimos, y algunos otros datos de tu historia personal.

LECCIÓN

15. Las cosas y la vida cambian con el tiempo

Las personas y las cosas cambian con el tiempo. Tú no eres el mismo ahora que cuando tenías un año. Es seguro que tu comunidad también ha cambiado.

Observa los siguientes dibujos y haz tus comentarios ante el grupo.

Antes

Ahora

Antes

Ahora

Antes

Ahora

Las personas y las cosas cambian con el tiempo.

actividades

- **Pregunta a tus papás cuáles son los cambios más importantes que ha habido en tu comunidad, escríbelos en tu cuaderno y coméntalos con tu profesor y tus compañeros.**

LECCIÓN

16. El estado de Sinaloa tiene una historia

Nuestra familia, nuestra comunidad y también nuestro estado han cambiado.

Han cambiado su territorio, sus ríos, sus montañas, su flora y su fauna.

Si observas el mapa que se te presenta, te darás cuenta que no tiene la misma forma que el Sinaloa actual.

Sinaloa, igual que las demás entidades de la República Mexicana, ha cambiado; tiene una historia y es muy importante que la conozcamos.

Sus hombres y sus mujeres no son lo que eran hace quinientos o mil años.

¿Cómo crees que fueron sus primeros habitantes? ¿De dónde llegaron? ¿Cómo vestían? ¿Cómo eran sus casas? ¿Qué comían? Platica de esto con tus compañeros o con tus papás.

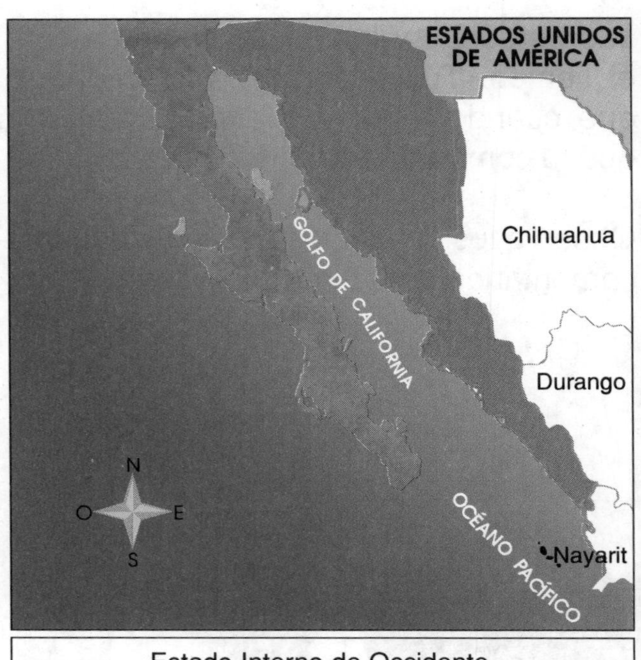

Estado Interno de Occidente

Sinaloa, igual que las demás entidades de la República Mexicana, tiene una historia. Es muy importante que todos los sinaloenses la conozcamos.

actividades

- **En tu cuaderno de trabajo, dibuja el actual estado de Sinaloa y compáralo con el Estado Interno de Occidente.**
- **Haz tus comentarios con tu profesor y con tus compañeros.**

G. Figueroa. DIFOCUR

Máscara indígena mayo

IV.- EL PASADO DE MI ESTADO

LECCIÓN

17. La época prehispánica en el estado de Sinaloa

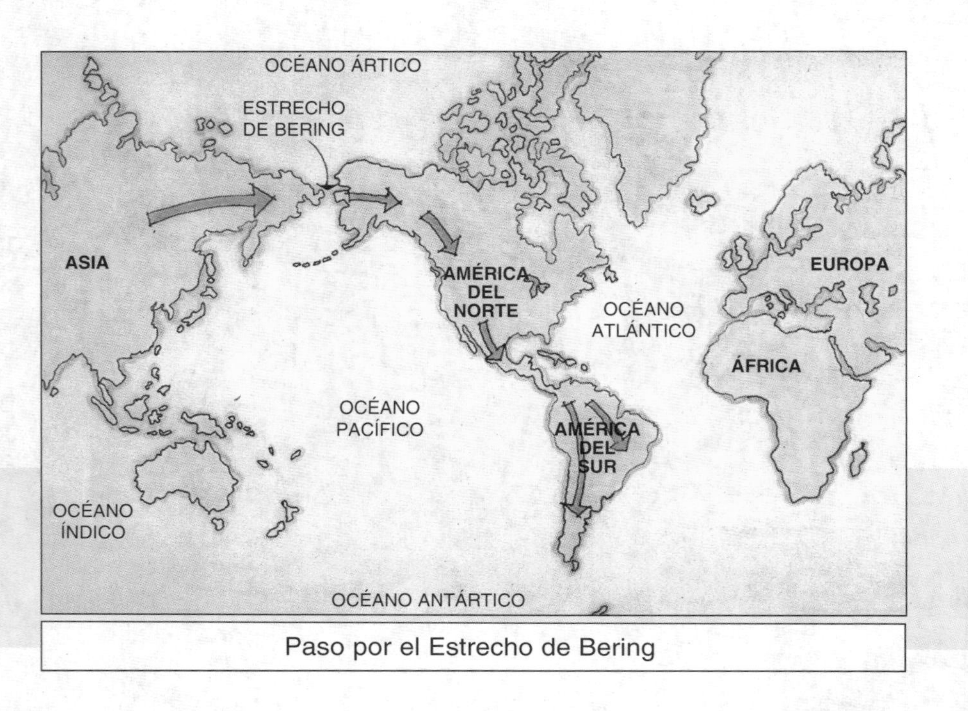

Paso por el Estrecho de Bering

Los historiadores y los arqueólogos son las personas que estudian el pasado y las cosas que el hombre hizo. Ellos nos dicen que los primeros pobladores que llegaron a América, venían de Asia y entraron por el estrecho de Bering, hace más de 40 mil años.

Los hombres prehistóricos cazaban animales como el **búfalo** y el **mamut** que les proporcionaban carne para alimentarse y pieles para cubrir sus cuerpos.

Tribus errantes

Siguiendo a estos animales, los cazadores **nómadas** entraron a México. Por las condiciones del terreno y del clima, unos grupos se quedaron en nuestro estado y otros continuaron hacia el sur.

En esa época, Sinaloa sirvió como corredor geográfico, ya que por sus costas y sus valles pasaban las tribus **errantes** que venían del norte o del sur en busca de alimento o mejores lugares para vivir.

Cazadores nómadas

La caza del mamut

Los primeros pobladores de América, venían de Asia y entraron por el estrecho de Bering, hace más de 40 mil años.

Aridoamérica y Mesoamérica

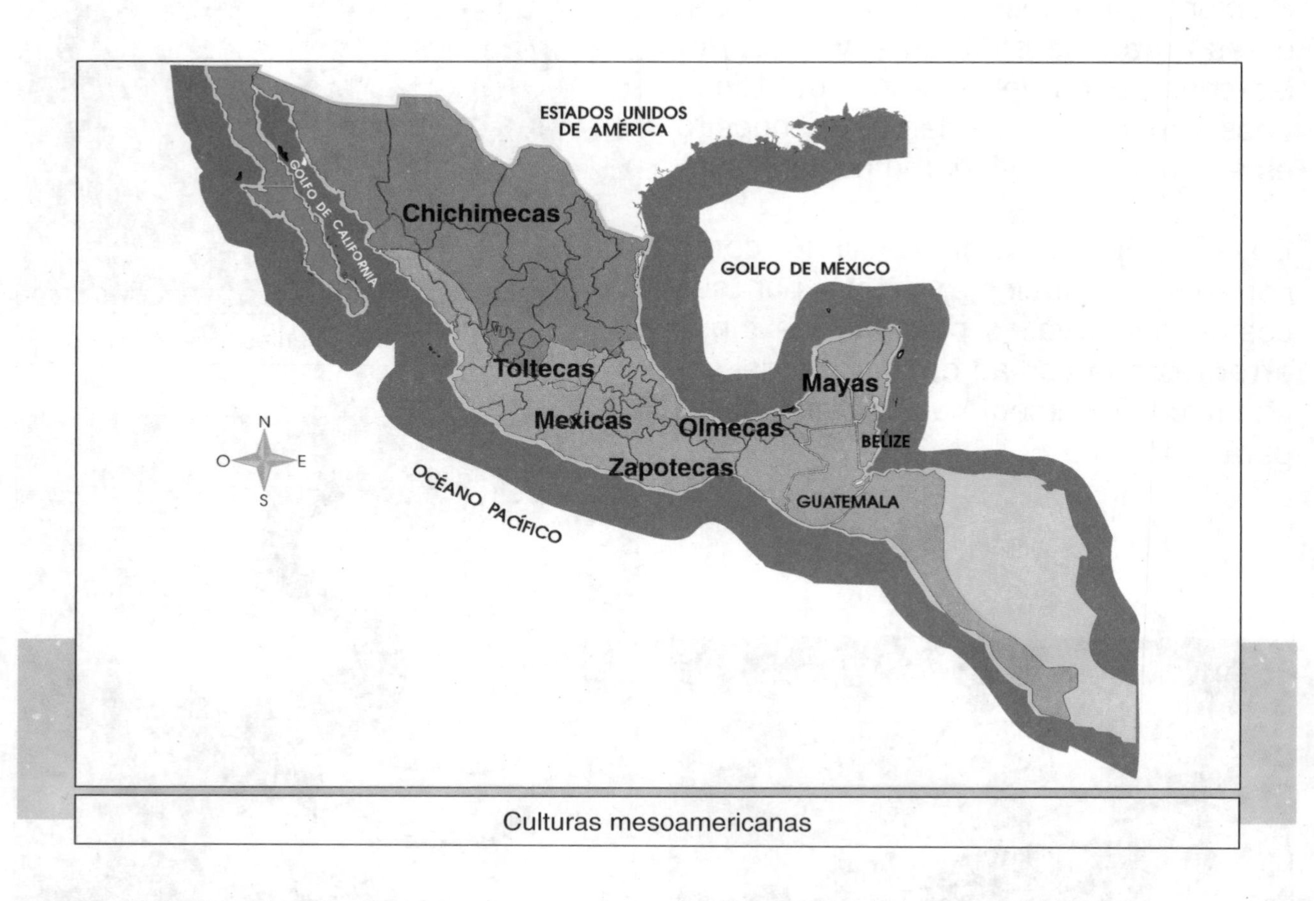

Culturas mesoamericanas

La práctica de la agricultura permitió a los hombres quedarse en un lugar fijo, casi siempre cerca de los ríos o lugares donde había agua.

Los hombres empezaron a tener casas, a fabricar vasijas de barro para cocinar e instrumentos para cultivar la tierra.

Fabricaban algunos objetos de piedra, como puntas de flechas, metates y raspadores; de las fibras del maguey, de la palma, del algodón y de otras plantas, hacían canastas y redes.

A la región donde se desarrolló principalmente la agricultura se le conoce como Mesoamérica. En este amplio territorio vivieron muchos grupos humanos o culturas, entre los que sobresalen los olmecas, los zapotecas, los teotihuacanos, los mayas, los toltecas, los mixtecas, los mexicas y los tarascos.

Gran parte del territorio de lo que hoy es Sinaloa queda comprendido en Mesoamérica.

Del río Sinaloa hacia el norte se localiza la región conocida como Aridoamérica. Esta parte comprende los lugares **desérticos** y **áridos** del norte de la República Mexicana. Ahí vivieron grupos humanos conocidos como chichimecas. Todos estos sucesos ocurridos desde los primeros pobladores de nuestro país, hasta la llegada de los españoles, constituyen el periodo conocido como época prehispánica.

En la época prehispánica, casi todo el territorio de lo que hoy es Sinaloa quedaba comprendido en la región conocida como Mesoamérica.
La agricultura cambió completamente la vida de los hombres nómadas e hizo que se convirtieran en hombres sedentarios.

actividades

- En el mapa que se te presenta, localiza y colorea de verde la región de Mesoamérica y de amarillo, Aridoamérica.

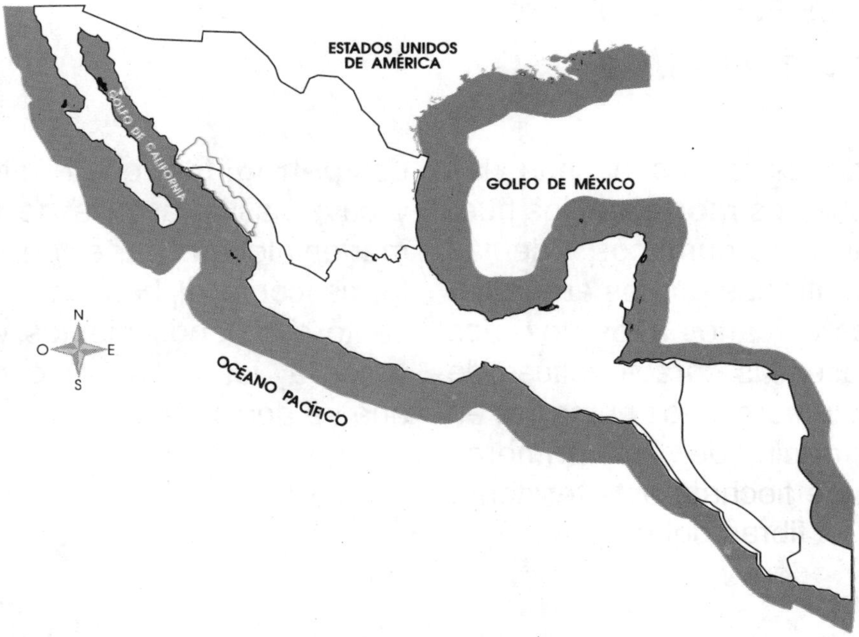

El hombre primitivo vivió en cuevas

Características de los primeros asentamientos humanos en Sinaloa

Las vasijas de barro, las hachas, las puntas de flecha, los **morteros**, los huesos de animales, de humanos y demás utensilios encontrados por los arqueólogos en lugares cercanos a los ríos, nos permiten conocer las características de los primeros asentamientos humanos en Sinaloa; es decir, de los primeros pobladores que habitaron este territorio.

Los **petroglifos**, que existen en cuevas y cavernas a la orilla de los ríos y del mar en algunas partes del estado, son la forma como el hombre primitivo representó sus conocimientos y costumbres, y nos ayudan a saber cómo vivían y a qué se dedicaban.

Los primeros grupos humanos de Sinaloa vivieron a orillas de los ríos, donde había plantas que les servían de alimento y abundaba la caza, además del agua necesaria y tierras propias para la agricultura.

Cuando llegaron los primeros españoles a estas tierras encontraron diversos grupos ubicados o asentados en las regiones de Chametla, Culiacán y Sinaloa.

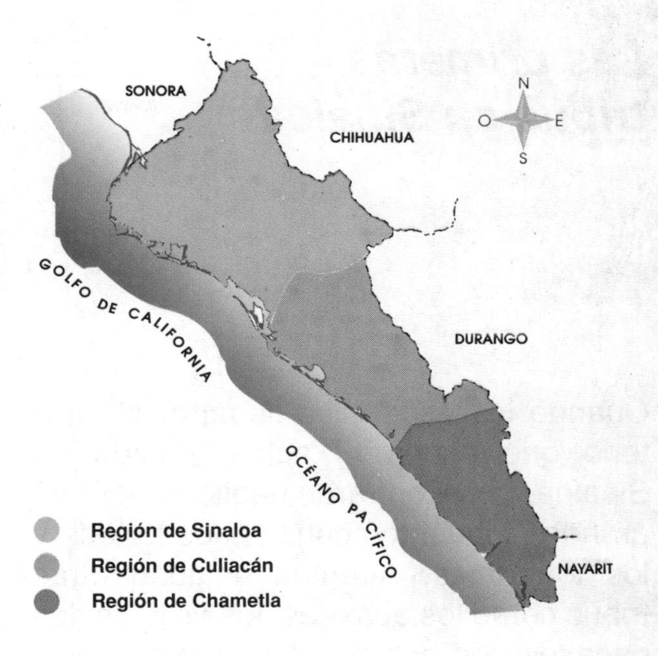

Los primeros pobladores de Sinaloa vivieron a orillas de los ríos y en las costas, donde era más fácil conseguir alimentos.
Las regiones donde se asentaron los primeros grupos humanos fueron: Chametla, Culiacán y Sinaloa.

actividades

- **En la siguiente sopa de letras, encuentra los nombres de las regiones donde vivieron los primeros grupos o asentamientos humanos en Sinaloa.**

A	E	I	C	O	U	W	E	I
O	U	A	U	E	I	O	U	A
E	I	O	L	Y	M	Y	K	S
U	J	W	I	G	C	H	J	Q
S	I	N	A	L	O	A	G	Y
A	Y	G	C	U	A	K	M	C
Q	C	H	A	M	E	T	L	A
U	A	K	N	Q	Y	S	W	J

Las primeras tribus en Sinaloa

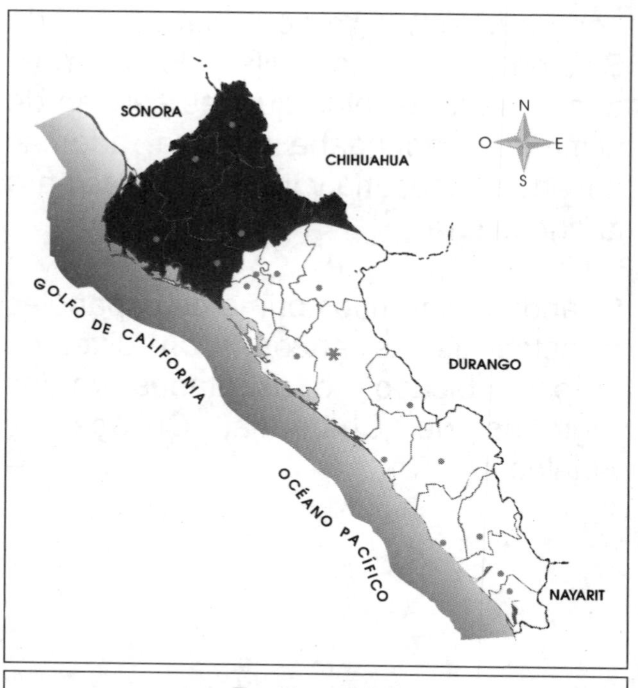

Región cahita

Cuando los españoles llegaron al territorio que ocupa el actual estado de Sinaloa, lo encontraron habitado por tres grandes tribus: los cahitas, los tahues y los totorames. Además estaban otras tribus como los acaxees, los xiximes, los pacaxes, los achires y los tamazulas o guasaves.

Los cahitas

Se conoce con el nombre de cahitas a los grupos humanos que vivieron en las orillas de los ríos Fuerte y Sinaloa y el arroyo Ocoroni, en la parte norte del estado, dentro de la región conocida como Aridoamérica.

Estos grupos, con un nivel cultural inferior a los tahues y totorames, eran seminómadas, sus actividades principales fueron la agricultura, la recolección, la caza y la pesca.

Cultivaban maíz, calabaza y frijol; recolectaban pitahayas, tunas, **aguamas**, semillas de **mezquite, papachis, ayales** y miel de abeja.

Actividad agrícola

El único animal doméstico que tenían era el perro, que también les servía de alimento.

Conocían el arco y la flecha, mismos que usaban para cazar venados, **jabalíes**, conejos, **tejones** e iguanas.

La caza

Los cahitas construían sus casas con petates; eran redondas y con techos en forma de cono.

Los hombres de estas tribus andaban semidesnudos; las mujeres sólo se cubrían de la cintura para abajo con pieles de animales como el venado y el jabalí o con mantas de algodón, que tejían rudimentariamente.

Los tahues

Los tahues, al igual que los totorames, se desarrollaron en la región noroeste de Mesoamérica. Tenían una cultura más desarrollada que los cahitas, probablemente por la influencia que los demás pueblos mesoamericanos ejercieron sobre ellos.

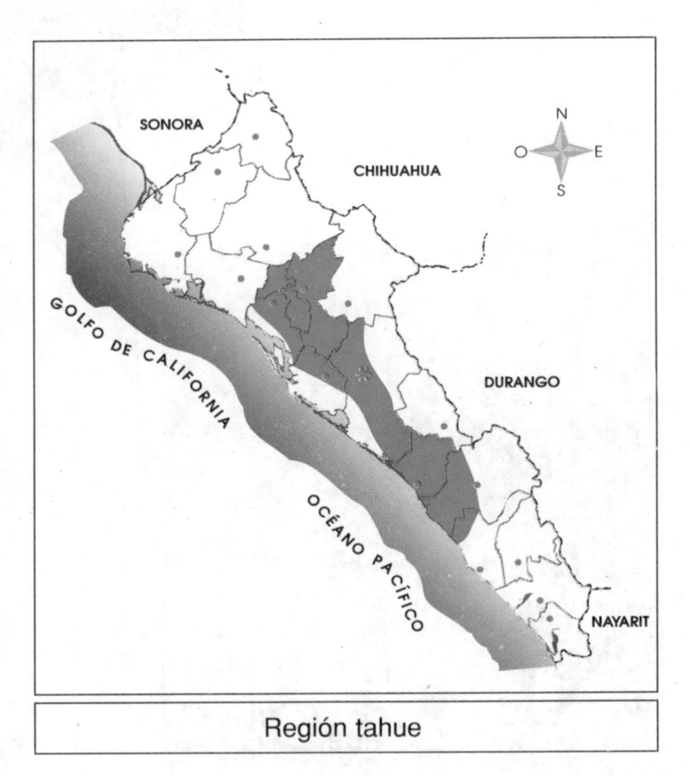

Región tahue

A los tahues se les ubica en la región central del actual estado de Sinaloa.

Eran agricultores. Cultivaban maíz, frijol, calabaza y algodón. Recolectaban chiles, pitahayas, semillas de mezquite, guayabas y ciruelas.

Conocían el mezcal, del que utilizaban las **pencas** y el tallo.

Las casas en que vivían eran hechas de lodo y vara, con techos de zacate y palma. No tenían ventanas y al frente les hacían una enramada.

Las casas de los caciques, quienes eran las personas principales, las hacían de adobe y vara.

Los totorames

El grupo de los totorames se localizaba en la parte sur del estado, y el pueblo más importante o cabecera, se encontraba en Chametla.

Los totorames eran agricultores y pescadores. Sus cultivos principales fueron el maíz, el frijol y el chile.

Entre sus actividades pesqueras se encontraba la captura de peces y camarón; así como la recolección de almejas, ostiones y patas de mula.

También se dedicaban a la recolección de sal, la que cambiaban por otros productos con los pueblos vecinos.

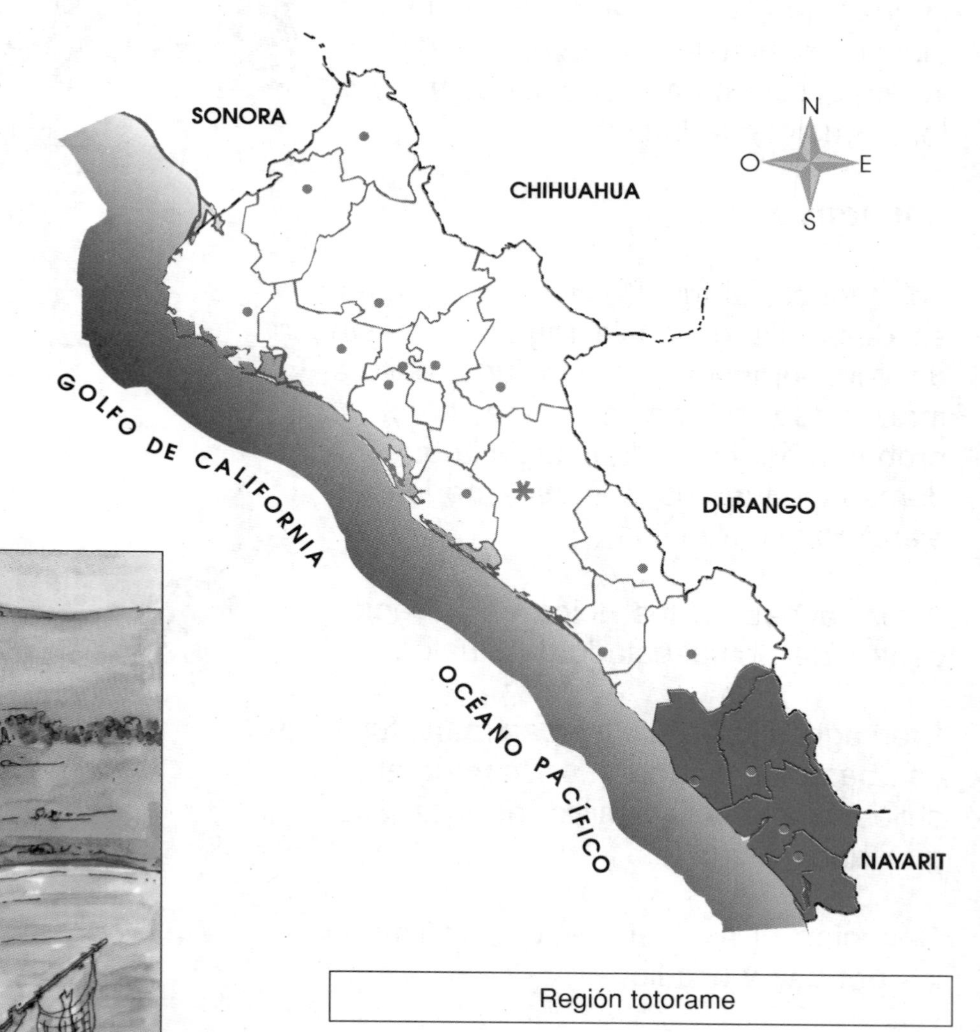

Región totorame

La pesca

Los acaxees y los xiximes

Estas tribus tenían una cultura primitiva. Vivieron en la región serrana de Sinaloa que colinda con el actual estado de Durango.

Recolectaban frutos silvestres como tunas, zapotes y guamúchiles, así como semillas de mezquite y miel silvestre. Su agricultura se reducía a cultivar maíz, chile y calabaza.

Generalmente andaban desnudos; usaban el pelo largo y adornaban sus brazos con conchas y caracoles, que conseguían por trueque con los pobladores de las costas.

Los pacaxes

Este grupo humano se localizaba en la parte serrana de los municipios de Culiacán y Badiraguato, a orillas del río Humaya.

De estos pobladores se sabe que se dedicaban a la agricultura, a la caza y a la pesca.

Los achires

Los achires vivieron en la costa de los municipios de Angostura y Navolato. Eran nómadas. Vivían a la **intemperie** y sus actividades principales eran la caza, la pesca y la recolección.

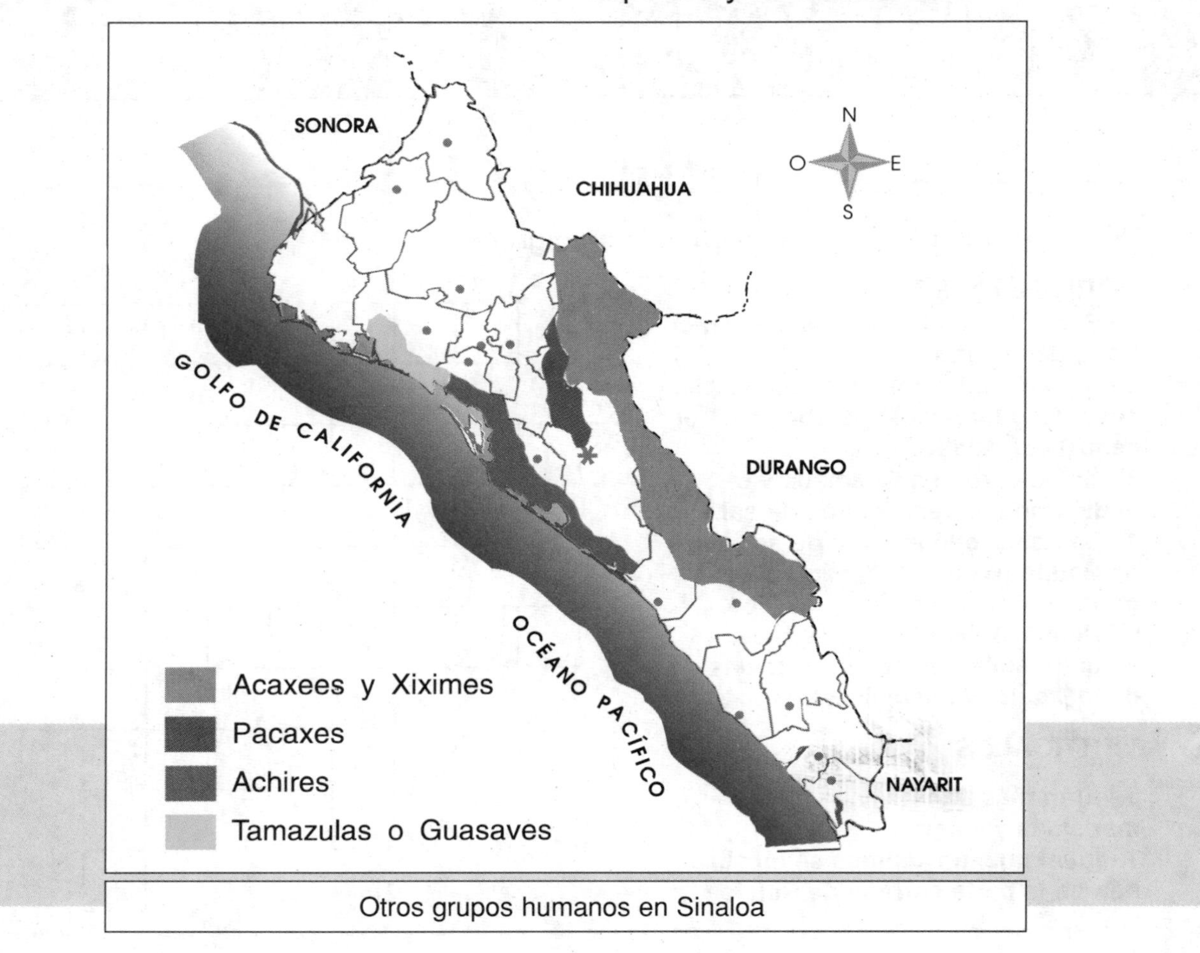

Otros grupos humanos en Sinaloa

Los tamazulas o guasaves

En la región costera de lo que hoy es el municipio de Guasave vivió el grupo humano llamado tamazulas o guasaves.

Este grupo nómada o errante, por vivir en las marismas y esteros, se alimentaba de pescado, almejas, pitahayas y frutas silvestres que recolectaban.

Los tamazulas o guasaves eran más altos que los hombres de las otras tribus que habitaban Sinaloa.

Habitantes de marismas y esteros

Las tribus o grupos humanos prehispánicos que habitaron Sinaloa fueron: los cahitas, los tahues, los totorames, los acaxees, los xiximes, los pacaxes, los achires y los tamazulas o guasaves.

actividades

- En equipo resuelve el siguiente crucigrama.

HORIZONTALES.

1.- Son los grupos que vivieron en el norte del estado.
2.- Su dieta alimenticia incluía carne, pescado y mariscos; se ubican en el centro del estado.
3.- Se ubicaron en Chametla y se dedicaron a la recolección de sal.
4.- Se desarrolló en la parte serrana de Badiraguato y Culiacán, en las orillas del río Humaya.
5.- Recolectaban tunas, zapotes y guamúchiles; así como semillas de mezquite y miel silvestre.

VERTICALES.

6.- Eran más altos: vivían en las marismas y esteros.
7.- Igual que los xiximes se localizaban en la parte serrana de Sinaloa.

Principales actividades económicas

La siembra

Entre las principales actividades económicas a las que se dedicaron los primeros habitantes de Sinaloa destacan la agricultura, la caza, la pesca y la recolección.

La agricultura

La agricultura fue la actividad más importante; la realizaban en las orillas de los ríos, por la humedad natural de la tierra que había en esos lugares.

Cultivaban frijol, maíz, algodón y calabaza.

Para sembrar, utilizaban un palo con punta; con él hacían un hoyo en la tierra y depositaban las semillas, que cubrían con tierra que removían con el pie.

La agricultura la realizaban hombres y mujeres por igual, era una actividad de subsistencia y de intercambio.

La caza

Esta actividad la realizaban para conseguir carne, que les servía de alimento y pieles para cubrir sus cuerpos.

Usaban el arco, la flecha y palos largos, cuyas puntas endurecían con fuego o colocándoles puntas de piedra, para que penetraran con mayor facilidad en los animales.

Principalmente cazaban venado, jabalí, conejo y liebre; también aves como palomas, codornices y patos.
La caza se practicaba de dos maneras: en grupos y en forma individual.

En la caza de grupo, invitaban a uno o a varios pueblos y juntos salían a cazar; cercaban un monte y, si estaba seca la maleza, le prendían fuego por todas partes. El fuego obligaba a salir a los animales y así los capturaban.

La caza individual, generalmente, la realizaban los más jóvenes para entrenamiento y para conseguir comida.

La caza del venado

Actividad pesquera

La pesca

Los pueblos de las costas se dedicaban principalmente a la pesca y a sacar sal, que usaban para su comida o para cambiarla por otros productos.

En los esteros pescaban lisas, mojarras, robalos y pargos; también recolectaban ostiones, almejas, patas de mula y caracoles.

En los ríos pescaban bagres y mojarras.

Las técnicas que usaban para pescar eran diferentes. En la región de Chametla, tapaban los esteros con varas y palos parados, con los que hacían una especie de corral o chiquero, donde quedaban atrapados los peces y los camarones; de ahí los sacaban con una red en forma de bolsa colocada en la punta de un palo largo.

En las costas del centro del estado, pescaban con redes que tejían con fibra de algodón, mismas que lanzaban al agua y los peces quedaban atrapados en ellas.

En los esteros de poca agua, utilizaban el arco, la flecha y las lanzas con punta, para capturar peces.

En los ríos y lagunas usaban la técnica de **emponzoñar** el agua con algunas hierbas; los peces morían y, al flotar, los recogían.

La recolección

La mayoría de los pueblos prehispánicos que vivieron en Sinaloa practicaron la recolección de frutas y semillas.

La recolección era una actividad complementaria para su alimentación y, en ocasiones, para hacer trueque con otras tribus.

Las frutas silvestres que recolectaban eran pitahayas, tunas, biznagas, aguamas, papachis, ayales, guayabas, nanchis, ciruelas y guamúchiles; así como semillas tiernas de mezquite y huizache, y raíces como el camote.

Fue importante la recolección de sal; así como de miel de abejas de panales y colmenas; aunque no sabían utilizar la cera.

Recolectando aguamas

Los tianguis

Los indígenas tenían la costumbre de cambiar las cosas que les sobraban por otras que ellos necesitaban. En Sinaloa, esta actividad económica la realizaban únicamente los tahues y totorames.

Para cambiar sus cosas iban a un lugar parecido a los mercados de ahora. Ellos le llamaban tianguis, los productos que ahí se podían cambiar eran algodón, maíz, frijol, **bules**, redes, frutas, pescado, sal, hierbas medicinales, vasijas de barro, plumas, conchas, perlas, cascabeles y piedras de obsidiana y turquesa.

Un tianguis

Las principales actividades económicas que practicaron las tribus prehispánicas de Sinaloa fueron la agricultura, la caza, la pesca, la recolección de frutas y los tianguis.

actividades

- Comenta con tu profesor y compañeros las siguientes cuestiones:

- **¿Cómo se siembra en tu comunidad?**
- **¿Has visitado algún campo pesquero? ¿Pescan igual o parecido a como lo hacían nuestros antepasados?**
- **¿Conoces las frutas que recolectaban los indígenas? ¿Hay algunas de éstas en tu comunidad?**

Vestigios históricos

En los lugares donde habitaron los antiguos pobladores de Sinaloa se han encontrado vasijas de barro, huesos, piedras, flechas y otros objetos que, al estudiarlos, nos dicen cómo fueron algunas de las costumbres y conocimientos de nuestros antepasados; es decir, podemos conocer su cultura. A estos objetos se les llama vestigios históricos.

En Sinaloa, se han encontrado vestigios históricos en Chametla, Culiacán y Guasave. El estudio de ellos indica que pertenecen a la cultura Aztatlán. Esta cultura se ubica en la región de Sinaloa y Nayarit, desde el río Grande de Santiago, Nayarit, hasta el río Sinaloa.

Los grupos de esta cultura, al igual que otros, también grabaron en piedra algunos de sus conocimientos y costumbres. Estos grabados se llaman petroglifos.

G. Figueroa. DIFOCUR

Excavaciones en Culiacán

En Sinaloa se localizan petroglifos en varios lugares. Por ejemplo:

Sinaloa: Cerro del Mapiri y del Negrito; arroyos de los Plátanos y de los Mezquites y la Piedra Pintada.

Badiraguato: Majada de Arriba y Cerro del Hormiguero.

Culiacán: Cerro de la Chiva, Laguna Colorada y Arroyo de Tacuichamona.

Elota: Las Tinas, Paredón Colorado, Rancho del Cajón, Ibonía y El Espinal.

San Ignacio: Barras de Piaxtla, Playa de las Labradas y Cajón de Piaxtla.

En los petroglifos se encuentran representadas escenas de la vida cotidiana de los indígenas, como la caza, la pesca la recolección, sus creencias y sus conocimientos sobre la naturaleza.

G Figueroa. DIFOCUR

Piedras labradas. San Ignacio

G Figueroa. DIFOCUR

Petroglifos en Culiacán

Los vestigios históricos más importantes en nuestro estado se han encontrado en Chametla, Culiacán y Guasave.

actividades

- Realiza una visita a un museo o a uno de los lugares donde se encuentren vestigios históricos y elabora un informe bajo la siguiente guía:

A.- Nombre del lugar visitado:

____

B.- Tipo de vestigios observados:

____

____

____

C.- Descripción de alguno de ellos:

____

____

____

____

____

____

____

____

Pueblos prehispánicos de Sinaloa

Aspectos socioculturales

La organización política, las guerras, los juegos, el vestido y las danzas son algunos de los aspectos socioculturales que caracterizan y distinguen a los grupos humanos que vivieron en Sinaloa durante la época prehispánica .

Organización política

En el estado de Sinaloa, los únicos pueblos prehispánicos que contaban con una organización política definida fueron los tahues y los totorames, ya que estaban organizados en señoríos.

Los tahues formaban parte del señorío de Culiacán y los totorames del señorío de Chametla.

Cada señorío tenía un jefe o cacique que representaba la autoridad.

El grupo de los cahitas, que habitaba la región aridoamericana, al norte del río Petatlán, no contaba con esta organización, pues eran tribus seminómadas y nómadas o errantes.

Algunos de los pueblos prehispánicos de la entidad son los siguientes:

Señorío de Chametla: Chametla.

Señorío de Culiacán: Navito, Comanito, Tepuche y Mojolo.

Región de Sinaloa: Ahome, Bacubirito, Tamazula, Guasave, Bamoa, Mochicahui, Tehueco, Ocoroni, Sinaloa y Nío.

Las guerras

Las guerras entre los naturales o pueblos prehispánicos de Sinaloa, se daban con más frecuencia entre las tribus cahitas.

Sus armas eran el arco, la flecha y la macana; usaban escudo de cuero de caimán o de tejidos muy resistentes. Estas armas las manejaban con habilidad y destreza porque desde niños se ejercitaban para usarlas.

Tenían la costumbre de envenenar las puntas de flechas con hierbas ponzoñosas, y al enemigo que herían con ellas, moría sin que hubiera nada con qué curarlo.

Antes de salir a pelear, acostumbraban pintarse la cara y el cuerpo con rayas azules, negras, verdes y rojas, que les hacían parecer más fieros. En ocasiones, también se colocaban plumas de urracas y guacamayas. Cuando empezaba la lucha, lanzaban fuertes gritos para asustar al enemigo.

La guerra

Después de la batalla, colocaban en las puntas de las lanzas la cabeza, el brazo o cualquier parte del cuerpo del enemigo que habían matado y bailaban con música de tambores, festejando su triunfo.

Los tahues y los totorames, aunque eran considerados como grupos humanos pacíficos, también hacían la guerra para defenderse de las tribus que los invadían.

Trnka-Torrero. DIFOCUR

Máscara

La religión

Las creencias religiosas de los pueblos prehispánicos de Sinaloa se relacionaban con la naturaleza.

Adoraban al Sol, a la Luna y a fenómenos diversos (truenos, rayos). Creían en **espíritus** que se aparecían en forma de animales.

Los acaxees tenían un **ídolo** de piedra que estaba en un cerro alto, al cual le hacían **ofrendas** para que les favoreciera en la guerra o en las cosechas.

En casi todos estos pueblos había un curandero que tenía una gran influencia entre los naturales. Creían que el curandero podía provocar males o beneficios a otras personas. También pensaban que podía transformarse en **nahual** (jaguar, coyote, tecolote, entre otros). Si se aparecía como tecolote, significaba muerte o **calamidad**.

En las fiestas o ceremonias públicas, que duraban varios días, acostumbraban tomar bebidas embriagantes que elaboraban con frutas como la ciruela, la tuna, la pitahaya, el ayale o pencas de mezcal.

Los juegos

El juego es una actividad que los hombres han realizado desde siempre.

Los primeros pobladores de Sinaloa jugaban el Ulama, un juego parecido al Futbol y al Patolli.

El Ulama se jugaba con una pelota pesada hecha de hule; este hule se hacía con el jugo de una planta llamada Estefanota o Agustina que ponían a cocer y modelaban con las manos.

Participaban dos equipos formados, cada uno, por cuatro, seis u ocho jugadores. La pelota sólo podía ser tocada con el hombro o la cadera.

El Ulama todavía se juega en algunos lugares de Sinaloa, aunque ahora se hace con el antebrazo.

El juego parecido al futbol o balonpie, consistía en ir pateando una bola por el camino que comunicaba a los dos pueblos que competían.

M. Valadés. DIFOCUR

Juego de Ulama

El Patolli se jugaba usando cuatro cañitas cortas y rajadas, tenían dibujadas figurillas y puntos que representaban un valor.

Para jugar, botaban las cañitas sobre una piedra para que saltaran y cayeran al suelo; dependiendo de los puntos de cada jugador se anotaba una raya en la tierra, hasta cumplir con el número de la apuesta. La apuesta consistía en caracoles de mar, flechas, hachas, cuchillos de piedra y otras cosas útiles para ellos.

Juego del Patolli

El vestido

Acerca de cómo se vestían los primeros grupos indígenas que habitaban la región del actual Sinaloa, se dice que los varones andaban desnudos, menos los caciques y las personas importantes, que acostumbraban cubrirse con mantas de algodón o de otras fibras.

Las mujeres llevaban descubierto el cuerpo de la cintura para arriba, y hacia abajo, se cubrían con mantas de algodón que tejían ellas mismas, para lo cual se valían no de telares, sino de estacas que clavaban en el suelo, donde elaboraban el tejido. Las mujeres que carecían de mantas, usaban faldas de gamuza pintadas.

El vestido

El matrimonio

El matrimonio

En la mayoría de los pueblos indígenas, los hombres sólo podían tener una mujer, menos los caciques, que tenían las mujeres que podían mantener.

Las mujeres, para poder casarse, debían tener el permiso de sus padres. El novio tenía que dar una dote, es decir, un pago al padre de la novia que se pedía en matrimonio, y consistía en flechas, pieles, piedras pulidas o escudos.

Las danzas

Otra de las expresiones que nos hablan de las costumbres y tradiciones de los pueblos indígenas sinaloenses, es la danza.

La danza del venado

Entre las danzas que practicaban los grupos humanos que vivieron en el norte del estado, estaba la danza del venado, que era una simulación de la caza de este animal.

El danzante se adornaba con una cabeza de venado disecada y decorada; su cuerpo lo cubría con un taparrabo, y de la cintura colgaban pezuñas de venado amarradas con tiras de cuero crudo.

Se adornaban las piernas con ténabaris, que eran capullos de mariposa con piedrecillas adentro para que hicieran ruido, que junto con las sonajas de bule que portaban en las manos, producían un sonido muy especial.

La cara se la cubrían con una máscara hecha de madera, piel de jabalí o tejón.

Los aspectos socioculturales que caracterizan y distinguen a los grupos humanos que vivieron en la época prehispánica en Sinaloa son: La organización política, las guerras, los juegos, el vestido y las danzas.

actividades

- **Escribe en los siguientes recuadros lo más importante de cada uno de los aspectos socioculturales tratados en esta lección.**

ORGANIZACIÓN POLÍTICA

LAS GUERRAS

LA RELIGIÓN

LOS JUEGOS

EL VESTIDO

EL MATRIMONIO

DANZAS

LECCIÓN

18. Descubrimiento y conquista de Sinaloa

Antes de la llegada de los españoles a América, los europeos necesitaban buscar caminos más cortos entre Europa y Asia, para ir a la India y a China a traer productos que eran muy escasos, como la seda, el marfil, el oro y las **especias**.

Los europeos pensaron que ese camino corto lo podían encontrar a través del mar.

En aquella época se pensaba que la Tierra era plana. Sólo un reducido número de personas pensaban que era redonda, entre ellas Cristóbal Colón, quien aseguraba que navegando hacia el occidente llegaría a la India, pues estaba convencido de la redondez de la Tierra.

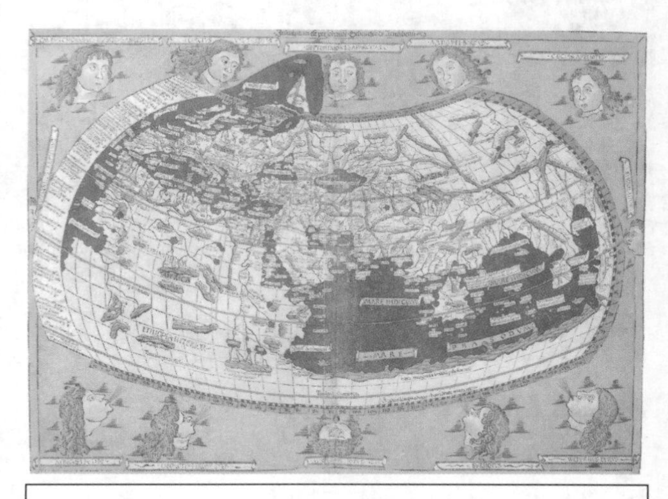

Mapamundi de Ptolomeo
Mapas del mundo, Roderick Barron, 4a edición, Madrid, LIBSA, 1989, p.11

Cristóbal Colón

Las carabelas de Colón

Descubrimiento de América

El descubrimiento de América

Decidido a cruzar el océano Atlántico, Cristóbal Colón , apoyado por los reyes de España, Fernando e Isabel, inició su viaje en el puerto de Palos el 31 de agosto de 1492 a bordo de tres carabelas: La Niña, La Pinta y La Santa María, con rumbo al occidente, seguro de que esa ruta lo llevaría a Asia.

Después de muchos problemas, el día 12 de octubre de 1492, las tres carabelas llegaron a América. Todos creían haber llegado a Asia, no imaginaban que habían llegado a una isla de un nuevo continente: América.

Colón nombró a esta isla San Salvador, y a los naturales los llamó "indios", porque creía que eran nativos de la India.

Cristóbal Colón descubrió América el 12 de octubre de 1492.

actividades

- **Escenifica en el grupo algunos de los pasajes del descubrimiento de América. Para ello, seleccionen entre sus compañeros a los niños que representarán a los principales personajes. Elaboren muñecos de guante con bolsas de papel y jueguen a que descubren el continente americano.**

Nuño Beltrán de Guzmán en Sinaloa

Primeras expediciones españolas en Sinaloa

Después de Cristóbal Colón, muchos otros españoles llegaron a América, exploraron y conquistaron tierras del continente recién descubierto, entre ellos sobresalen Francisco Hernández de Córdoba, Hernán Cortés y Nuño Beltrán de Guzmán.

Hernán Cortés, con sus ejércitos, llegó al valle de México, donde se enfrentó al Gran Señorío Mexica.

Los mexicas lucharon con valentía en contra de Cortés; pero los ejércitos españoles, apoyados por los tlaxcaltecas, vencieron a los mexicas el 13 de agosto de 1521.

Tiempo después, Nuño Beltrán de Guzmán atravesó los territorios donde hoy se encuentran los estados de Michoacán, Jalisco y Nayarit, para explorar y conquistar la región noroeste de México.

Conquista de Chametla, según el lienzo de Tlaxcala

Después de varias luchas contra los nativos, Nuño Beltrán de Guzmán llegó a la región de Chametla, en el actual estado de Sinaloa, en noviembre del año de 1530.

De Chametla, continuó su recorrido quemando pueblos y peleando en contra de los naturales, hasta llegar a orillas del río Cihuatlán, hoy río San Lorenzo, donde fundó la Villa de San Miguel de Navito, en septiembre de 1531, y que, posteriormente, fue trasladada más al norte, al lugar que ocupaba el antiguo pueblo de indios Colhuacan, con el nombre de Nueva Villa de San Miguel, hoy Culiacán.

Nuño Beltrán de Guzmán encabezó las primeras expediciones a territorio sinaloense,y en septiembre de 1531 fundó la Villa de San Miguel de Navito, que más tarde fue trasladada a la Villa de San Miguel de Culiacán.

actividades

- **Comenta con tus compañeros las siguientes cuestiones y escríbelas en tu cuaderno:**
- **Españoles que encabezaron las primeras expediciones en el país.**
- **Personaje que exploró y conquistó Sinaloa.**
- **Recorrido que hizo dicho personaje.**

Rebeliones indígenas

Las primeras rebeliones de los indígenas, en contra de los conquistadores, se debieron al maltrato que recibían de los españoles, ya que les cortaban las orejas, los herraban como a los animales y los trataban como esclavos.

La rebelión indígena de mayor importancia en la entidad se registró en la provincia de Culiacán y estuvo encabezada por Ayapin.

Ayapin quemó casas y pueblos y obligó a los demás nativos a no sembrar para vencer por hambre a los españoles.

Después de muchas luchas, Francisco Vázquez Coronado capturó a Ayapin, dándole muerte el 22 de abril de 1539.

Así como Ayapin, hubo otros indígenas que lucharon contra la injusticia de los españoles.

Esclavos indígenas

Ayapin fue el primer caudillo indígena de Sinaloa que luchó en contra de los conquistadores.

actividades

- **En el grupo, comenten cómo era el trato que recibían los indígenas por parte de los españoles.**
- **¿Crees que tuvieron razón los indígenas para rebelarse?**

La evangelización en Sinaloa

México no solamente fue conquistado por los españoles a través de las armas, sino también por medio de la evangelización; es decir, a través de la fe cristiana.

En Sinaloa, la primera misión estuvo formada por los padres Jesuitas Gonzalo de Tapia y Martín Pérez.

Estos religiosos jesuitas se trasladaron a la Villa de San Felipe y Santiago, hoy Sinaloa de Leyva, estableciendo su centro misional en Cubiri. Ahí fundaron la primera escuela para niños indígenas del noroeste.

Llegada de los misioneros a Sinaloa

Escuela indígena

A estos primeros misioneros, se les unieron los padres Juan Bautista de Velazco y Alonso de Santiago, quienes se encargaron de la evangelización de los habitantes de Mocorito, Orobato, Bacubirito y Ocampo.

Primeros templos de los misioneros

Entre las dificultades que enfrentaron, estaba la influencia o poder de los curanderos, por lo que cuando una epidemia de viruela disminuyó a la población nativa, un indio, llamado Nacabeba, culpó a los misioneros por este mal.

Evangelizando

A consecuencia de ese hecho, Nacabeba fue azotado por el capitán de la villa y, lleno de coraje, se propuso la muerte del padre Gonzalo de Tapia, quien apareció muerto en Teboropa.
Tiempo después, llegaron Hernando de Villafañe, quien fundó y evangelizó Guasave, y también Andrés Pérez de Rivas, quien fundó las misiones de Ahome, Mochicahui y San Miguel.

Prácticas agrícolas

Con la evangelización se afianzó la colonización, ya que muchas tribus se asentaron en los pueblos cercanos a las misiones, donde además de la doctrina cristiana, los misioneros les enseñaron a leer, nuevas formas de riego, la crianza de ganado, pequeñas industrias y artesanías.

La evangelización en Sinaloa la realizaron los padres jesuitas: Gonzalo de Tapia, Martín Pérez, Juan Bautista de Velazco, Alonso de Santiago y otros, quienes fundaron pueblos y enseñaron a los indígenas a leer, a criar ganado, pequeñas industrias, nuevas formas de riego y artesanías.

actividades

- En equipo, escribe un resumen sobre la evangelización en Sinaloa. Ayúdate con los siguientes puntos:

1.- Principales misioneros en el estado.

____

2.- Lugar donde se instaló el primer centro misional.

____

3.- Enseñanzas de los misioneros a los indios.

____

Presenten y comenten su trabajo ante el grupo.

LECCIÓN

19. Sinaloa durante la época colonial

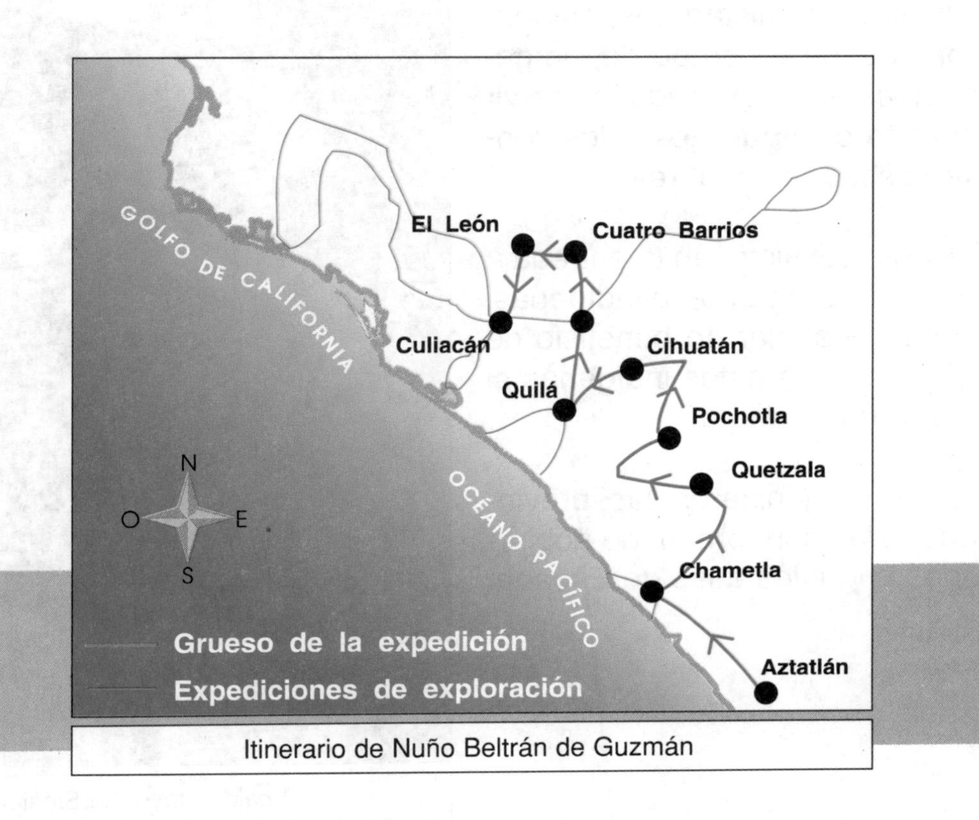

Itinerario de Nuño Beltrán de Guzmán

La época colonial en Sinaloa comenzó desde el momento en que los conquistadores españoles, encabezados por Nuño Beltrán de Guzmán, llegaron al noroeste de México.

A su paso por el territorio sinaloense, encontraron resistencia de los pobladores nativos de estos lugares, pero a pesar de esta resistencia, los españoles lograron colonizar los señoríos de Chametla y Culiacán.

Durante esa época, Sinaloa tuvo un gobierno, un territorio y otros aspectos diferentes a los de la época prehispánica.

Nuevas formas de gobierno

La principal forma de gobierno implantada durante la Colonia fue el Ayuntamiento, con sus alcaldes y regidores.

Este sistema de gobierno se observó en los pueblos de San Miguel, San Felipe y Santiago de Sinaloa y San Sebastián. Se complementó con la encomienda y el repartimiento.

La encomienda, que sólo funcionó en la provincia de Culiacán, consistió en que, el rey de España, para recompensar los servicios de los conquistadores, asignaba o encomendaba un grupo de indígenas, quienes estaban obligados a servir y pagar **tributo** o **impuestos** a los conquistadores españoles o al rey.

El repartimiento consistía en la entrega a los españoles de un grupo de indígenas, quienes debían trabajar en beneficio de los conquistadores; a estos indígenas sí se les pagaba un salario.

Los españoles organizaron las provincias conquistadas con formas de gobierno parecidas o iguales a las de España.

Alcalde mayor de Sinaloa

La forma de gobierno que se organizó en Sinaloa en la época colonial fue el Ayuntamiento, complementado con la encomienda y el repartimiento. La encomienda sólo se dio en la provincia de Culiacán.

actividades

- **En tu cuaderno escribe una diferencia y una semejanza entre la encomienda y el repartimiento.**

- **Coméntalo con tu grupo.**

Actividades económicas: minería, pastoreo y labranza

Las actividades económicas que se desarrollaron en la época de la Colonia fueron la minería, la ganadería y la agricultura, y en menor escala, la recolección de sal y las artesanías como la cestería, el tejido de ixtle y la elaboración de utensilios de barro.

Los principales pueblos sinaloenses donde se trabajó la minería durante la Colonia fueron: Pánuco, Charcas, Copala, Rosario, Santa Rita, Cosalá y Sivirijoa.

Para la explotación de las minas, los españoles necesitaron de la mano de obra de los indígenas.

No todos los indígenas trabajaban en las minas, únicamente los que pertenecían a un repartimiento, es decir, los que trabajaban por un salario.

Actividad minera

Ganado vacuno

Los conquistadores trajeron de España el ganado vacuno, caballar, mular y lanar.

Al llegar los misioneros jesuitas a Sinaloa, iniciaron a los indígenas en el pastoreo del ganado vacuno, que los proveía de leche y carne.

El ganado mular y caballar, lo utilizaban para el trabajo y la carga.
El ganado lanar no se desarrolló por el clima caliente que existe en Sinaloa.

Al llegar los jesuitas a evangelizar a los indígenas se convencieron de que la única manera de arraigarlos en los pueblos era enseñándoles técnicas y formas de labranza, para que produjeran suficientes cosechas y subsistieran todo el año.

Los misioneros introdujeron otros cultivos como el trigo, las hortalizas y la caña de azúcar; enseñaron a los naturales a sembrar en espacios más grandes, ya no sólo en las orillas de los ríos, sino en terrenos preparados para este fin.

Una nueva técnica agrícola

Los españoles que lograron hacer grandes fortunas, lo hicieron por medio de negocios diversificados, que incluían el comercio, la minería, la producción agropecuaria y el ejercicio de puestos de gobierno.

Las principales actividades económicas que se desarrollaron en los pueblos sinaloenses durante la época de la colonia fueron: el comercio, la minería, la producción agropecuaria y el ejercicio de puestos de gobierno.

actividades

- Sigue las indicaciones que se te dan a continuación para elaborar un periódico mural en el grupo:

• Formen tres equipos.

• Cada uno de ellos hará dibujos representativos de las siguientes actividades:
Equipo 1.- De la minería.
Equipo 2.- De pastoreo o ganadería.
Equipo 3.- De labranza o agricultura.

• Con cartulina, cartoncillo o cualquier otro papel elaboren los recuadros con los apartados de acuerdo con el siguiente modelo.

MINERÍA	GANADERÍA	AGRICULTURA

• Peguen todo el material donde corresponda.

Alcaldías y corregimientos

Durante la época colonial, el estado de Sinaloa estaba dividido en tres provincias: Chametla, Culiacán y Sinaloa.

Para poder gobernarlas, estas provincias se subdividieron en territorios más pequeños llamados alcaldías y corregimientos.

Al frente de cada alcaldía se encontraba un alcalde mayor, quien era el encargado de impartir justicia dentro de su provincia.

Los alcaldes eran nombrados por el virrey.

Los corregimientos funcionaban en los pueblos de indígenas que no habían sido entregados en encomienda; al frente de ellos estaban el corregidor, cuya función era la de gobernador.

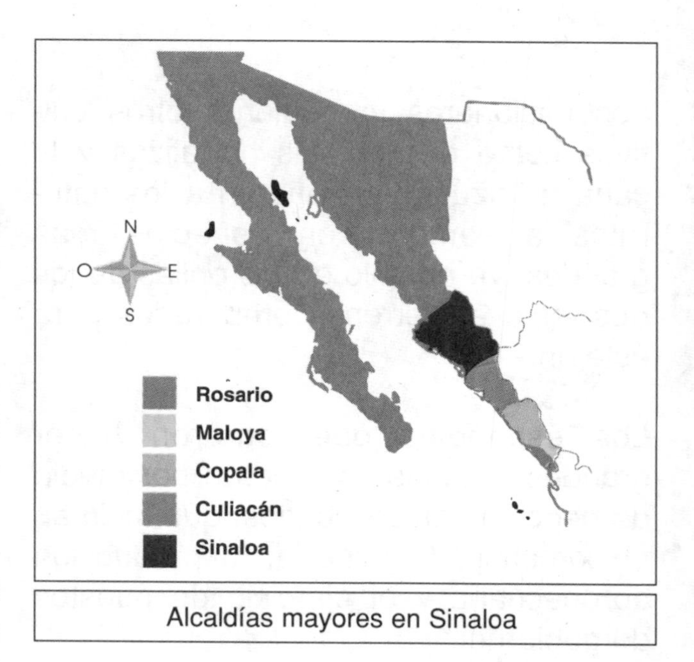

Alcaldías mayores en Sinaloa

Los corregimientos, al igual que la encomienda, sólo se dieron en la provincia de Culiacán.

En la época colonial, las provincias del Estado se dividían en alcaldías y corregimientos. Los corregimientos y la encomienda sólo funcionaron en la provincia de Culiacán.

actividades

- **Con la ayuda de tu profesor, organiza una lluvia de ideas para que comenten en el grupo las siguientes cuestiones:**

- **¿Cómo estaba organizado el gobierno colonial en Sinaloa?**
- **¿Cómo está organizado ahora?**
- **¿Cuántos alcaldes había en Sinaloa en la época de la colonia y cuántos hay ahora?**

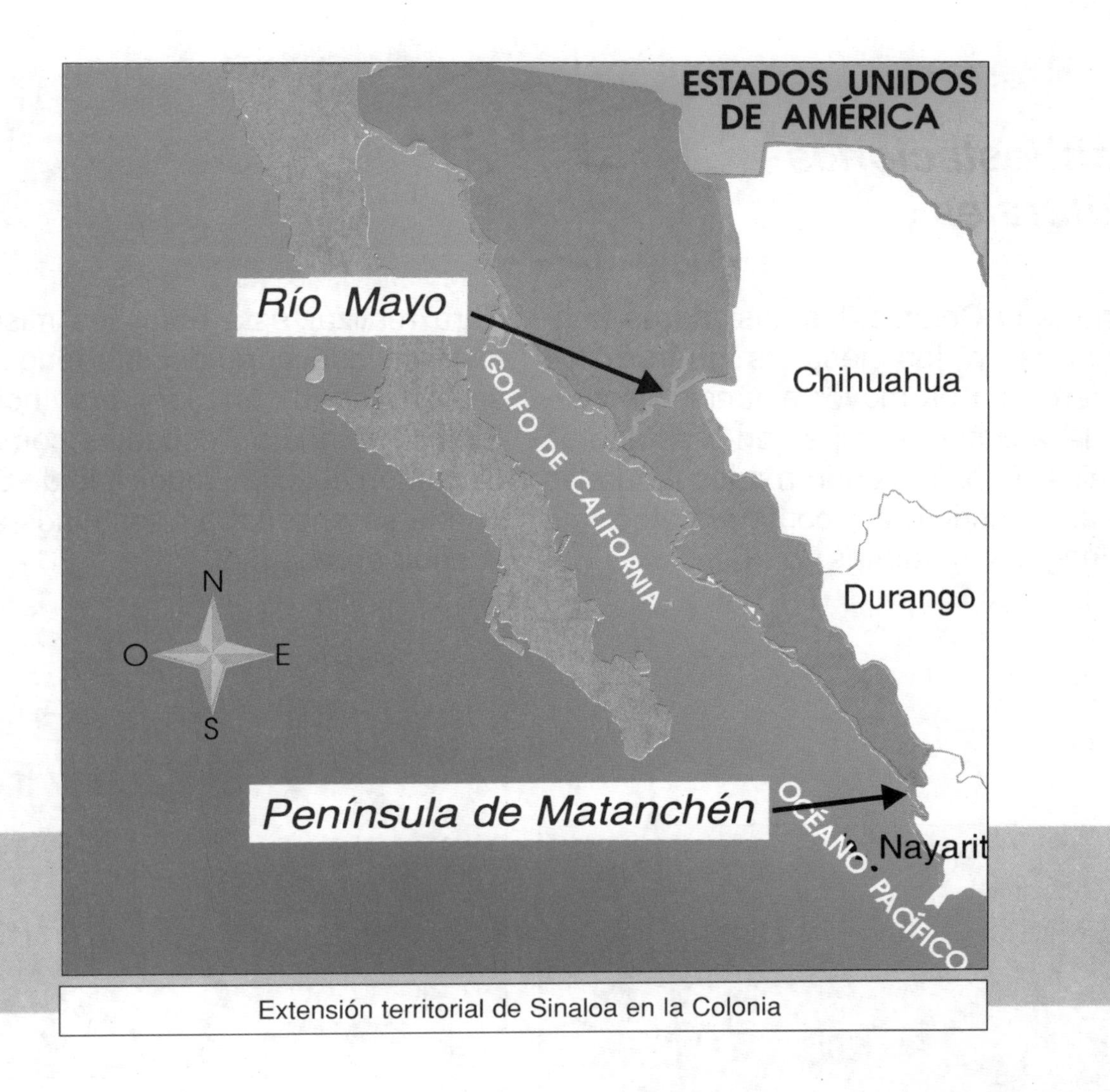

Extensión territorial de Sinaloa en la Colonia

Extensión territorial

La extensión territorial de la región de Sinaloa, en la época de la colonia, era la comprendida desde la península de Matanchén en Nayarit, hasta el río Mayo en Sonora.

La extensión territorial del estado de Sinaloa, en la época de la colonia, abarcaba desde la península de Matanchén, hasta el río Mayo.

Manifestaciones culturales

Durante la Colonia, los misioneros franciscanos y los jesuitas fueron los primeros en promover algunos elementos de la cultura europea en el estado de Sinaloa. Ellos enseñaron a los naturales a leer y escribir; así como el catecismo en lenguas indígenas.

Para realizar esta obra, los misioneros tuvieron que aprender las lenguas que se hablaban en las provincias de Sinaloa, fundaron escuelas como la de Cubiri, en el actual municipio de Sinaloa, donde se enseñaba a los niños a leer y escribir en español.

El padre Tapia formó una gramática; compuso un catecismo breve, y escribió unos versos para que los indios cantaran en la iglesia, en su propia lengua

En Ocoroni, Juan Herrera enseñó a los muchachos a leer y a escribir; a tocar la flauta y la chirimía, y a cantar en coro

Enseñanza de la lectura a niños indígenas

También fomentaron las fiestas con danzas prehispánicas que a los indígenas les gustaban, tales como la danza del venado y la de los matachines.

Las danzas y rituales los usaban para celebrar una buena caza, una buena cosecha o bien, eran danzas guerreras.

Esta costumbre ha perdurado y, en fiestas populares actuales, todavía se practican algunas de ellas.

Los misioneros jesuitas y franciscanos enseñaron a los indígenas el catecismo, a leer y escribir el español y fomentaron las danzas prehispánicas como la del venado y la de los matachines.

actividades

- **En este espacio haz una lista de algunas de las enseñanzas que recibieron los indígenas de parte de los misioneros:**

______________________ ______________________

______________________ ______________________

______________________ ______________________

______________________ ______________________

LECCIÓN

20. Acontecimientos relevantes ocurridos en el estado de Sinaloa de 1800 a 1876

Durante 300 años los españoles fueron los dueños de todas las riquezas de México, como eran las tierras, el oro y la plata.

Fue en el año de 1810, cuando nuestros antepasados se unieron, y dirigidos por hombres como Miguel Hidalgo y Costilla, Juan Aldama e Ignacio Allende, iniciaron el movimiento de Independencia.

Miguel Hidalgo, en la madrugada del 16 de septiembre de 1810, dio el grito de libertad que inició este movimiento.

A la muerte de Hidalgo, José María Morelos y Pavón se puso al frente de esta lucha, ganando batallas en Cuautla, Oaxaca y Acapulco, y expuso sus ideas de libertad y de justicia en un documento llamado "Sentimientos de la Nación".

Mural. Juan O' Gorman

En 1810, Miguel Hidalgo y Costilla, llamó a la lucha contra los españoles

Colonia e Independencia

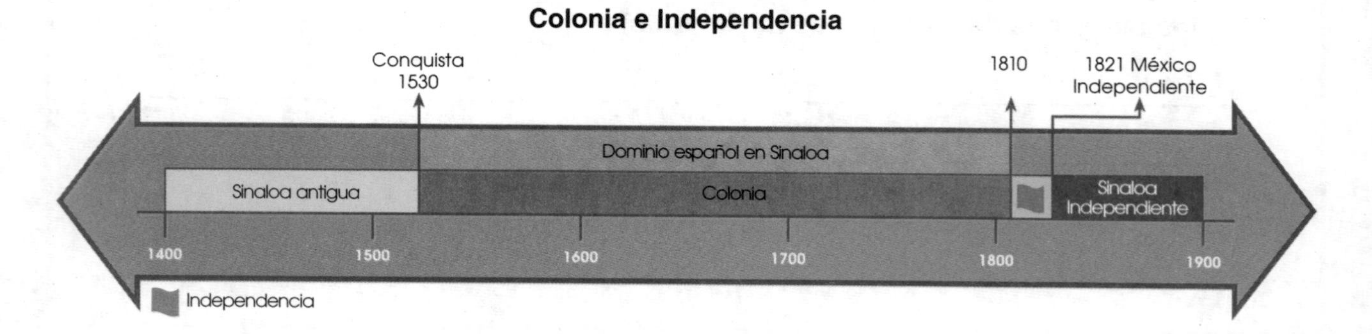

Primeras manifestaciones de independencia en Sinaloa

En Sinaloa, la revolución de Independencia fue encabezada por José María González Hermosillo, quien venció a los **realistas** entre el 21 y el 24 de diciembre de 1810, en Rosario.

Los soldados sinaloenses, después de la batalla en Rosario, siguieron con rumbo a Concordia, y allí tomaron la plaza con el apoyo de los habitantes del lugar.

José María González Hermosillo continuó su campaña rumbo al norte y en San Ignacio de Pixtla se enfrentó a las tropas realistas que dirigía el gobernador de Sonora y Sinaloa: Alejo García Conde, quien derrotó a las tropas de González Hermosillo.

En Badiraguato, un **caudillo** indígena, llamado José Apolonio García luchó por la independencia de Sinaloa.

Él y sus hombres se enfrentaron a los realistas en Santa Cruz, Agua Caliente y Ocoroni; finalmente, en Charay, Ahome, se enfrentó al ejército español, que estaba formado por indígenas al mando del capitán Juan José Padilla; José Apolonio García y sus hombres fueron vencidos.

Para el gobierno virreinal este hecho fue importante, porque impidió que las tribus indígenas del norte de Sinaloa y del sur de Sonora se levantaran en armas.

Después de 11 años de guerras, el 27 de septiembre de 1821, el Ejército Trigarante, encabezado por Agustín de Iturbide y Vicente Guerrero, entró triunfante a la Ciudad de México. Así terminó la lucha por la independencia de nuestro país.

José María González Hermosillo y José Apolonio García lucharon por la independencia en Sinaloa.

actividades

- **Elabora un resumen en tu cuaderno sobre la independencia en Sinaloa. Apóyate en el siguiente cuadro:**

LA INDEPENDENCIA EN SINALOA

PERSONAJES PRINCIPALES	BATALLAS EN QUE PARTICIPARON
____________	____________
____________	____________
____________	____________

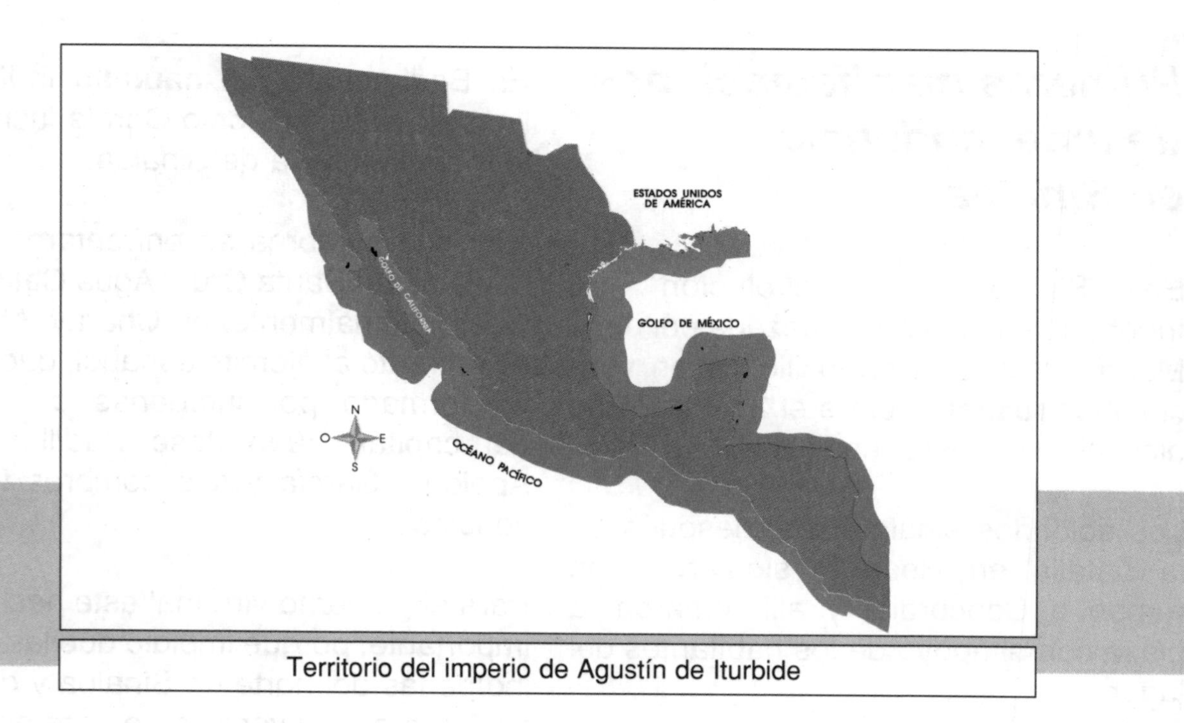

Territorio del imperio de Agustín de Iturbide

Durante el Imperio

En el año de 1821, México logró su independencia.

Agustín de Iturbide fue nombrado emperador del país, apoyado por los españoles, los criollos ricos, la Iglesia y los jefes del ejército, que querían seguir conservando sus **privilegios** y el poder.

Iturbide fue coronado como Agustín I y México pasó a ser un **Imperio**.

En esa época, Sinaloa y Sonora pasaron a formar parte de una de las provincias en que se dividió el territorio nacional.

Agustín de Iturbide

En el año de 1821 se logró la Independencia de México.
Agustín de Iturbide fue nombrado emperador del país.

Separación de Sonora y Sinaloa

En el año de 1824, nuestro país pasó a ser una República. Sonora y Sinaloa formaron el Estado Interno de Occidente; la capital de este estado se estableció en El Fuerte.

Después de muchas discusiones entre los diputados que integraban el Congreso local, en el año de 1830 el Congreso Nacional acordó, a través de un decreto, que el Estado Interno de Occidente se separara; a partir de esa fecha, Sinaloa y Sonora son estados libres y soberanos.

Los hombres que más lucharon para que Sinaloa se separara de Sonora, fueron Francisco Iriarte y Pablo de Villavicencio.

Escudo del Estado Interno de Occidente

Pablo de Villavicencio, conocido como "El Payo de Rosario", destacó como periodista. Escribió en contra de las injusticias y el estado de cosas negativas que existían y sembró la semilla de las ideas liberales en busca de un nuevo modo de vivir para los mexicanos.

Sinaloa se separó de Sonora en 1830. A partir de esa fecha, pasó a ser un Estado Libre y Soberano. Entre los hombres que más lucharon por esta separación, fueron Francisco Iriarte y Pablo de Villavicencio.

actividades

- **Investiga, con apoyo de tu profesor, las biografías de Francisco Iriarte y Pablo de Villavicencio.**

- **Preséntalas al grupo.**

La Reforma y la intervención francesa

Licenciado Benito Juárez García

Retrato. Jorge González Camarena

Después de la Independencia de México, nuestro país vivió una época de desorden en su gobierno; se enfrentaron dos grupos: los conservadores y los liberales.

El grupo conservador luchaba por mantener sus privilegios; quería que nada cambiara y hubiera un gobierno que mantuviera el mismo estado de cosas.

El grupo liberal, del que formaban parte Benito Juárez, Juan Álvarez y Sebastián Lerdo de Tejada, quería y defendía las libertades de las personas y la República.

Pensaban que la república federal era la forma de gobierno que México necesitaba, pero con algunas reformas como la separación de la Iglesia y el Estado; es decir, que el gobierno no interviniera en asuntos de la Iglesia, que la Iglesia se mantuviera fuera de los asuntos del gobierno y la gente tuviera la religión que quisiera. Todo esto se presentó en una nueva Constitución: la Constitución de 1857.

Sin embargo, el ejército, la Iglesia y hombres como Manuel Doblado, Félix Zuloaga y Miramón, miembros del partido conservador, querían que el país fuera imperio y se opusieron a dicha Constitución. Esto dio origen a una guerra que duró tres años, conocida como Guerra de Reforma.

El gobierno liberal, encabezado por Benito Juárez, alcanzó el triunfo.

Cuando Benito Juárez era Presidente de México, nuestro país le debía a España, Francia e Inglaterra y no podía pagarles.

Benito Juárez ordenó que se suspendieran temporalmente los pagos. Francia no aceptó lo que México le ofrecía, por lo que en 1862, Napoleón III, emperador de Francia, ordenó la **invasión** de México.

Invasión francesa

Los franceses, apoyados por algunos mexicanos que deseaban que fuéramos parte del imperio francés, ofrecieron la corona del imperio mexicano al archiduque Maximiliano de Habsburgo.

En 1864, cuando los franceses invadieron Sinaloa, lo hicieron por Mazatlán y Altata.

Mazatlán fue bombardeado por el barco francés "D'assas". Los jefes del ejército mexicano, que defendían el puerto, ante la fuerza del ataque se reunieron en el pueblo de El Quelite para estudiar la forma de atacar a los franceses. Sin embargo, Mazatlán cayó en poder de ellos, y las autoridades del puerto reconocieron como emperador a Maximiliano de Habsburgo.

Defensa del puerto de Mazatlán

Batalla de San Pedro

Otro hecho importante, durante la intervención francesa, ocurrió el 22 de diciembre de 1864, en San Pedro, una pequeña población cercana a Culiacán, donde tuvo lugar una lucha entre franceses y mexicanos, conocida como "La Batalla de San Pedro".

Los franceses habían llegado a territorio sinaloense por el puerto de Altata, en un barco de guerra llamado "Lucifer", al mando del comandante Gazielle.

El ejército sinaloense era dirigido por Antonio Rosales, Jorge Granados y Francisco Tolentino, entre otros; tras una dura pelea, lograron derrotar al ejército francés.

En honor a Antonio Rosales, la ciudad de Culiacán ahora se llama: Culiacán Rosales.

Después de repetidas batallas de las tropas sinaloenses al mando de los generales Ramón Corona y Domingo Rubí, los franceses decidieron abandonar el estado en noviembre de 1866. Con este hecho terminó la guerra de intervención francesa en Sinaloa.

En esa época sobresalió también, la figura de Agustina Ramírez quien entregó a sus doce hijos para luchar por la patria.

En Sinaloa, durante la intervención francesa, sobresale la toma de Mazatlán y la Batalla de San Pedro, en las que intervinieron los generales Antonio Rosales, Jorge Granados, FranciscoTolentino, Ramón Corona y Domingo Rubí.

actividades

- **En equipo y con la ayuda de tu profesor, elabora una maqueta en la que representes la intervención francesa en Sinaloa.**

LECCIÓN

21. *Sinaloa durante el Porfiriato*

Retrato. Cusachs

Porfirio Díaz

Fototeca INAH, Casasola, 1910

Los ferrocarriles en el Porfiriato

Nuestro país y nuestro estado han tenido que enfrentar y resolver muchos problemas en diferentes épocas de su historia.

Una de esas épocas difíciles fue la que se conoce con el nombre de Porfiriato, llamada así porque el país estuvo gobernado por Porfirio Díaz durante más de 30 años.

Porfirio Díaz fue un militar que destacó en las guerras de México contra la invasión extranjera; sin embargo, su ambición de poder lo hizo rebelarse, primero contra Benito Juárez y, después, en contra de Sebastián Lerdo de Tejada, hasta llegar a ocupar la Presidencia de la República.

En ese período y debido a la paz impuesta a la fuerza por Porfirio Díaz, la economía de la nación mejoró por las facilidades que se dieron a los extranjeros para que invirtieran en la minería, la industria y los ferrocarriles.

Sinaloa Siglo XIX

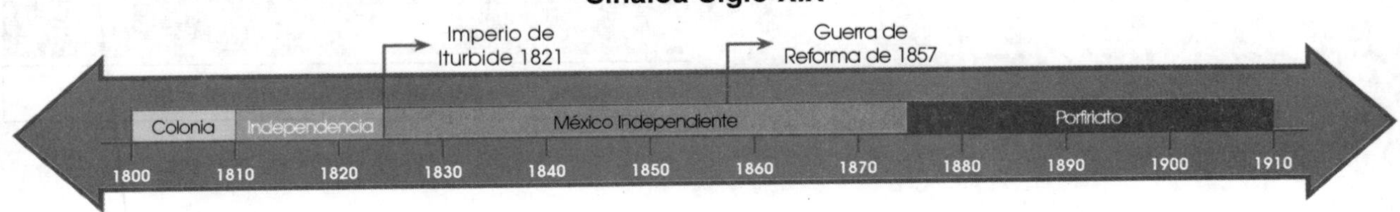

La cultura también floreció, ya que surgieron historiadores, pintores y escritores de importancia nacional.

Justo Sierra, educador, historiador y político

Se pensaba que con estos cambios en la ciencia, la tecnología y las artes se impulsaría al país hacia el progreso, y podría aliviarse la pobreza y el atraso del pueblo mexicano; pero lo cierto es que la industria, la minería y las tierras fueron acaparadas por unas cuantas personas, quienes fueron las únicas beneficiadas, hundiendo a la población indígena y campesina en una explotación y una pobreza mayores.

Estas condiciones en que vivía el país provocó descontentos y rebeliones; pero Porfirio Díaz las aplacó por medio de las armas.

Don Porfirio Díaz manejó a su antojo las elecciones, imponiendo a gobernadores y diputados que le eran fieles en todos los estados de la República; fue así como hizo gobernador de Sinaloa, al general Francisco Cañedo Belmonte.

Población campesina durante el Porfiriato

El gobierno de Francisco Cañedo.

Francisco Cañedo

El general Francisco Cañedo Belmonte gobernó Sinaloa por más de 32 años, de 1877 a 1909.

Durante ese periodo, al igual que en el resto del país, Sinaloa mejoró su economía, debido a las facilidades que Porfirio Díaz dio a los extranjeros para que invirtieran en la minería y en la industria.

Se establecieron grandes empresas extranjeras, que explotaban minerales extraídos de las minas de Rosario, San Ignacio, Cosalá, Concordia, Culiacán, Sinaloa y Badiraguato.

En esa época se establecieron las bases de la educación primaria y las de salud pública.

Se construyó en Culiacán el teatro Apolo, el puente Cañedo y el kiosco de la plazuela Rosales.

Puente Cañedo

Se remodeló el palacio de gobierno y se construyó el ingenio azucarero de Los Mochis.

También se construyó el Ferrocarril Sudpacífico y el tren conocido como "El Tacuarinero", que iba de Culiacán a Altata.

Trabajadores mineros

Durante esta época, al mismo tiempo que Sinaloa mejoró su economía, se inició en la entidad un proceso de acaparamiento de tierras por los hacendados, formando latifundios.

Las principales fuentes de trabajo las tenían los extranjeros; los trabajadores laboraban 14 o 16 horas diarias; se les pagaban salarios muy bajos y se les hacían descuentos injustos a la mayoría de los trabajadores.

El gobierno obligaba a los jóvenes a ingresar al ejército. Hubo mucha gente que murió al oponerse a esta manera de gobernar.

Ante tanta explotación, hambre y **despojo** surgió la inconformidad y rebeldía del pueblo sinaloense. Francisco Cañedo acabó con ella por medio de la represión.

A pesar de la represión, hubo en Sinaloa personas que lucharon en contra del gobierno de Cañedo para tratar de liberar al pueblo de las injusticias de que era objeto; tal es el caso de Gabriel Leyva Solano y Heraclio Bernal.

Rebeliones en Sinaloa

Heraclio Bernal: "El Rayo de Sinaloa"

"El Rayo de Sinaloa"

Heraclio Bernal Zazueta, conocido como "El Rayo de Sinaloa", nació en El Chaco, pueblo del municipio de San Ignacio, el 26 de junio de 1855.

Desde niño empezó a trabajar como **barretero** en las minas de Cosalá.

En el mineral de Guadalupe de los Reyes, fue acusado de robarse unas barras de plata, viéndose obligado a huir a la sierra de Durango donde cobró fama de audaz y temerario guerrillero, que defendía y ayudaba a los pobres.

Luchó contra el Porfiriato representado en Sinaloa por Francisco Cañedo.

Heraclio Bernal, con más de doscientos hombres, atacó el mineral de La Rastra, en el municipio de El Rosario, donde lanzó su proclama llamada "Plan de La Rastra", en el que invitó al pueblo a tomar las armas para quitar a los malos gobernantes.

Heraclio Bernal se convirtió en el terror de los ricos y del gobierno, por lo que Francisco Cañedo ofreció diez mil pesos por su captura.

Después de varios intentos por hacerlo prisionero, su compadre, Crispín García, lo denunció, y las tropas del gobierno Cañedista lo localizaron en la Cueva del Cerro Pelón, Cosalá, donde fue acribillado el 5 de enero de 1888.

En el Porfiriato se formaron grandes latifundios, los trabajadores laboraban 14 o 16 horas diarias, los salarios eran muy bajos y no había libertad.
Heraclio Bernal y Gabriel Leyva lucharon en contra del gobierno porfirista de Francisco Cañedo.

actividades

- A continuación se te presenta el corrido "¡Aquí está Heraclio Bernal!", para que con la ayuda de tu profesor, lo leas, lo comentes y, de ser posible, lo cantes.

"¡Aquí está Heraclio Bernal!"

Año de mil ochocientos
ochenta y ocho al contado,
Heraclio Bernal murió
por el gobierno pagado.

Estado de Sinaloa,
gobierno de Culiacán,
ofrecieron diez mil pesos
por la vida de Bernal.

La tragedia de Bernal
en Guadalupe empezó
por unas barras de plata
que dicen que se robó.

¡Que dices, Cuca!
¡Que dices pues!
Ya están los caminos libres;
¡vámonos pa´San Andrés!

Heraclio Bernal gritaba
que era hombre y no se rajaba,
que subiéndose a la sierra
peleaba con la acordada.

¿Qué es aquello que relumbra
por todo el camino real?
Son las armas de dieciocho
que trae Heraclio Bernal.

Heraclio Bernal decía:
yo no ando de roba bueyes,
pues tengo plata sellada
en Guadalupe de los Reyes.

Heraclio Bernal gritaba
en su caballo alazán;
no pierdo las esperanzas
de pasearme en Culiacán.

Heraclio Bernal decía:
sin plata no puedo estar;
vamos arriba muchachos,
a Guadalupe a rayar.

Heraclio Bernal decía
cuando estaba muy enfermo:
máteme usté, compadrito,
pa´que le pague el gobierno.

Decía Crispín García
muy enfadado de andar:
si me dan los diez mil pesos,
yo les entrego a Bernal.

Le dieron los diez mil pesos,
los recontó en su mascada
y le dijo al comandante:
alísteme una acordada.

Vuela, vuela palomita,
vuela, vuela hasta el nogal;
ya están los caminos solos:
¡Ya mataron a Bernal!

LECCIÓN

22. Sinaloa en la Revolución Mexicana

Madero en Sinaloa

Antecedentes

El presidente Porfirio Díaz, después de haber gobernado nuestro país por muchos años, prometió que en las elecciones de 1910, donde se elegiría Presidente de la República, sería respetado el voto de los mexicanos.

Muchos creyeron en la promesa de don Porfirio, entre ellos don Francisco I. Madero, quien decidió participar en las elecciones para presidente de México.

Porfirio Díaz no respetó su promesa, encarceló a Madero y se volvió a reelegir.

Don Francisco I. Madero se escapó de su encierro y redactó el Plan de San Luis, en el que pidió a todos los mexicanos defender el respeto al voto y que no se permitiera reelegirse a los presidentes; para ello invitó al pueblo a levantarse en armas el 20 de noviembre de 1910.

En Sinaloa, este movimiento revolucionario se inició cuando al morir Francisco Cañedo, en el año de 1909, se convocó a elecciones para gobernador, en las que participaron Diego Redo y José Ferrel.

Rafael Buelna Tenorio, conocido como el "Granito de Oro", inició su participación política uniéndose a la candidatura de José Ferrel y se convirtió en uno de sus principales oradores.

José Ferrel luchaba en contra de los porfiristas, la mayoría de los sinaloenses votaron por él; pero el Congreso del Estado dio el triunfo a Diego Redo. Esto provocó el malestar y el enojo de la población.

Cuando Francisco I. Madero llegó a Mazatlán, la mayoría de los sinaloenses dieron apoyo a su lucha en contra de Porfirio Díaz.

Después de instalar el primer grupo antirreeleccionista en Mazatlán, el señor Madero visitó Culiacán y Angostura, donde también formó grupos que se oponían a que Porfirio Díaz fuera otra vez Presidente de México.

Las actividades antirreeleccionistas que se realizaban en el Estado, trajeron como consecuencia el encarcelamiento del profesor Gabriel Leyva Solano.

Leyva Solano, como maestro rural, conoció los principales problemas de la población y se dedicó a defenderla en contra de los abusos de los caciques, lo que le valió la desconfianza de éstos y de las autoridades porfiristas.

En 1910, Gabriel Leyva Solano, junto con Maximiano y Narcizo Gámez, se levantaron en armas contra el gobierno porfirista.

Gabriel Leyva Solano

En el combate contra las fuerzas del gobierno, Gabriel Leyva Solano fue herido, hecho prisionero y conducido a la cárcel de Sinaloa.

El 13 de junio fue sacado de su celda, y en un lugar llamado Cabrera de Inzunza, del municipio de Sinaloa, se le dio muerte.

Gabriel Leyva Solano fue el primer revolucionario sinaloense que murió al luchar contra la dictadura porfirista. Por eso se le conoce como el PROTOMARTIR DE LA REVOLUCIÓN MEXICANA.

El 19 de noviembre de 1910, en Culiacán, los soldados de Diego Redo descubrieron un arsenal de armas que se tenía preparado para lanzarse a la Revolución. Esto obligó a los revolucionarios sinaloenses a iniciar la lucha armada antes de la fecha señalada en el Plan de San Luis.

General Ramón F. Iturbe y coronel Luis G. Morelos

Los principales cabecillas de las guerrillas revolucionarias en Sinaloa fueron, en el norte: José María Ochoa , Gregorio L. Cuevas y Crescencio Gaxiola; en el sur: Justo Tirado, Ángel y Elpidio Osuna, Juan Carrasco y Pomposo Acosta; en el centro del estado: Ramón F. Iturbe, Herculano de la Rocha y Juan M. Banderas.

Rafael Buelna participó en la contienda electoral de José Ferrel y Diego Redo.
Madero formó grupos antirreeleccionistas en Sinaloa.
Gabriel Leyva Solano fue el primero en morir por la causa revolucionaria.

Línea del Tiempo de Sinaloa
Siglo XX

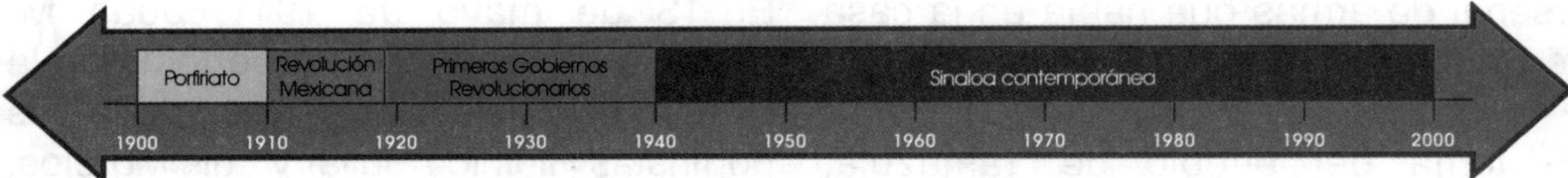

actividades

- Con ayuda de tu profesor, jueguen al noticiero histórico.
- **En equipo, seleccionen un personaje o hecho de los antecedentes de la Revolución Mexicana en Sinaloa.**
- **Preséntenlo al grupo, como lo haría un vendedor de periódicos, un locutor de radio o de televisión.**

Entrada de tropas revolucionarias a Culiacán

Desarrollo y principales protagonistas

En Sinaloa la lucha armada de la Revolución Mexicana se inició el 19 de noviembre de 1910, cuando los soldados de Diego Redo descubrieron el arsenal de armas que había en la casa de Ramón F. Iturbe.

La toma del pueblo de Tamazula, Durango, por Juan M. Banderas, fue una de las batallas más importantes al principio del movimiento armado.

Posteriormente, el ejército revolucionario, al avanzar hacia Culiacán para derrotar a los porfiristas que allí se encontraban concentrados, fue ganando otras batallas como las de Cosalá, Palma Sola, El Palmar y Llano Grande.

El 13 de mayo de 1911, Juan M. Banderas y Ramón F. Iturbe tomaron la ciudad de Culiacán, derrotando a los porfiristas Higinio Aguilar y Luis Morelos, quienes la defendían.

Juan M. Banderas nació en Tepuche, municipio de Culiacán, en el año de 1875. Ingresó al movimiento revolucionario motivado por las ideas antirreeleccionistas de Francisco I. Madero.

Participó en varios combates como los de Tamazula, Topia, El Aguajito y la toma de Culiacán; a raíz de este triunfo, fue ascendido a general por Francisco I. Madero, y nombrado Jefe de la Junta Revolucionaria de Sinaloa. Llegó a ser gobernador interino del estado.

Juan M. Banderas murió el 10 de febrero de 1916.

General Juan M. Banderas

General Porfirio Díaz

Durante el periodo comprendido de 1911 a 1917, tanto en el país, como en el estado, hubo muchos hechos o sucesos muy importantes.

En la capital de la República, Porfirio Díaz fue vencido y obligado a abandonar la presidencia y el país. Francisco I. Madero fue nombrado presidente de México; pero pronto tuvo problemas con otros jefes revolucionarios, como Emiliano Zapata y Francisco Villa, así como también, con el jefe de sus tropas, Victoriano Huerta, quien lo traicionó.

Ante esa traición, el gobernador de Coahuila, Venustiano Carranza, se levantó en armas en contra de Victoriano Huerta y encabezó a las fuerzas revolucionarias.

En Sinaloa, algunos revolucionarios como Felipe Riveros, Ramón F. Iturbe, Ángel Flores, Manuel Mezta y Rodolfo Campos se organizaron para luchar contra el ejército de Victoriano Huerta. Formaron la Brigada Sinaloa y Ramón F. Iturbe quedó al mando de ella.

A la edad de 19 años, Ramón F. Iturbe se inició en la política al unirse a la candidatura del licenciado José Ferrel.

Luchó en las guerrillas revolucionarias junto a Juan M. Banderas. Por sus méritos recibió el grado de general brigadier.

Del 26 de junio de 1917 al 16 de septiembre de 1920, fue gobernador constitucional de Sinaloa y, en el año de 1966, recibió del Senado de la República la medalla Belisario Domínguez.

Ramón F. Iturbe

La Brigada Sinaloa

Ramón F. Iturbe murió el 27 de octubre de 1970, en la Ciudad de México.

La Brigada Sinaloa, al mando de Iturbe, estaba formada por siete batallones, se unió al ejército del noroeste al mando del general Álvaro Obregón.

Las batallas más importantes, en que participaron los batallones de la Brigada Sinaloa, fueron en los poblados de Sinaloa, Mocorito, Culiacán, Navolato, Altata y Mazatlán.

El 20 de agosto de 1914, los revolucionarios sinaloenses, encabezados por Juan M. Banderas, Rafael Buelna Tenorio y Salvador Alvarado, entraron triunfantes a la Ciudad de México con el ejército constitucionalista al mando de Venustiano Carranza.

Al triunfo del ejército constitucionalista, se reunió el Congreso Constituyente en Querétaro y el 5 de febrero de 1917 promulgó la Constitución, que es la ley que nos rige actualmente a todos los mexicanos.

En este Congreso participaron los diputados sinaloenses: Pedro Zavala, por Culiacán; Cándido Avilés, por Mocorito; Andrés Magallón, por Mazatlán; Carlos M. Esquerro, por Concordia y Emiliano Ceceña, por El Fuerte.

Venustiano Carranza

Cándido Avilés. Constituyente de Sinaloa

La Revolución Mexicana fue una lucha en la que hubo muchos muertos, enfermedad y miseria en la mayor parte de la población, pero fue necesaria para que la tierra fuera de quien la trabajara, para que hubiera más libertad, escuelas, hospitales, carreteras, electrificación, agua potable, seguridad, limpieza en las ciudades y para que los trabajadores tuvieran las garantías que hoy gozan.

Revolucionarios sinaloenses

La toma de Tamazula, Durango, por Juan M. Banderas, fue la primera acción de los revolucionarios sinaloenses.

Juan M. Banderas y Ramón F. Iturbe tomaron la ciudad de Culiacán el 13 de mayo de 1911.

En el Congreso Constituyente participaron los sinaloenses: Pedro Zazueta, Cándido Avilés, Andrés Magallón, Carlos M. Esquerro y Emiliano Ceceña.

El 5 de febrero de 1917 se promulgó la Constitución Política de los Estados Unidos Mexicanos.

actividades

- **Con ayuda de tu profesor, elabora en el grupo un periódico mural que muestre los principales sucesos del desarrollo de la Revolución Mexicana en Sinaloa.**

LECCIÓN

23. Del periodo posrevolucionario al Sinaloa contemporáneo

Constitución de 1917

Los principales cambios económicos y sociales

Al final del movimiento armado que tuvo lugar de 1910 a 1917, se elaboró la Constitución Política de los Estados Unidos Mexicanos, que nos rige actualmente.

A partir de esa ley se dio importancia a la educación popular; en el campo hubo reparto de tierras y se puso un horario de 8 horas para los trabajadores.

En el estado de Sinaloa se han dado muchos cambios económicos que han mejorado la forma de vida de los sinaloenses.

Tanto el reparto de tierras, como la realización de importantes obras de riego hicieron posible que, a partir de 1940, el estado destacara en la agricultura.

La construcción de la carretera número 15, en la década de los años 50, abrió camino al comercio.

A principios de 1970, se contó con plantas generadoras de energía eléctrica y con un amplio programa de caminos vecinales.

La ganadería también es una actividad muy importante a la que se dedican los sinaloenses.

La actividad pesquera es otra de las ocupaciones que producen alimento y dinero a los habitantes del estado.

Los sinaloenses también se dedican a la minería, a la industria y al comercio.

Presa

Termoeléctrica

M. Valadés. DIFOCUR

Barcos pesqueros

Ganado vacuno

Todas estas actividades productivas, a las que actualmente se dedican los sinaloenses, les permiten vivir con mayores comodidades.

Estos avances que ahora tienen se han logrado gracias a la unidad y al trabajo de todos los habitantes del estado, donde los niños y jóvenes encuentran mayores oportunidades de estudio para seguir mejorando las condiciones de vida personal y de la familia.

Oportunidades de estudio

El movimiento de la Revolución Mexicana ha traído muchos cambios económicos que han mejorado la forma de vida de los sinaloenses.

Manifestaciones culturales y artísticas

Los habitantes de Sinaloa, al igual que los de los otros estados que forman el país, tienen una forma o manera particular de ser y de vivir: aman la vida, les gusta la libertad; son alegres y "fiesteros"; pero también trabajadores y estudiosos.

En el estado destacan importantes instituciones de educación superior, entre las que sobresalen la Universidad Autónoma de Sinaloa (UAS), la Universidad de Occidente (U de O) y los Institutos Tecnológicos de Culiacán, Mazatlán y Los Mochis. A estas instituciones asiste un gran número de jóvenes para estudiar alguna carrera.

Jóvenes deportistas

Universidad Autónoma de Sinaloa

Los sinaloenses cuentan con el centro cultural "Genaro Estrada", ubicado en la ciudad de Culiacán. Allí se encuentra el teatro "Pablo de Villavicencio", la biblioteca "Gilberto Owen", la sala de cine "Lumiere", la escuela de arte "José Limón" y otros espacios para la convivencia.

Centro cultural Genaro Estrada

La ciudad de Culiacán cuenta también con el Colegio de Sinaloa, el Centro Cívico Constitución, El Museo de Arte y el Centro de Ciencias, en el que tanto el público en general, como los niños y jóvenes de secundaria y preparatoria, podrán probar algunas teorías y hacer experimentos.

H. Ayto. Mazatlán y otros

Centro de Ciencias de Sinaloa

En la ciudad de Los Mochis sobresale el Museo Regional del valle de El Fuerte y en Mazatlán, el Museo Arqueológico de Mazatlán, el teatro Ángela Peralta, el Acuario, el Jardín Botánico y el Museo de Conchas.

H. Ayto. Mazatlán y otros.

Teatro Ángela Peralta

En Sinaloa hay muchos hombres y mujeres que escriben poesías, cuentos, libros, hacen teatro y componen música.

La música es una actividad artística que siempre ha gustado a los sinaloenses, tanto para escucharla y bailarla como para componerla.

Las bandas de música tocan los domingos en las plazas públicas y en las fiestas tradicionales.

Entre las principales fiestas tradicionales de Sinaloa sobresalen los carnavales de Mazatlán y de Guamúchil, que se realizan durante el mes de febrero.

Doña Socorro Astol, impulsora de teatro sinaloense

Las manifestaciones artísticas y culturales de los sinaloenses se destacan en las fiestas de semana santa en San Miguel Zapotitlán, Charay y Tehueco; la feria de la primavera en Rosario, y de la caña, en Navolato, que se efectúan en el mes de mayo; la feria ganadera de Culiacán, que se hace en el mes de noviembre y el festival cultural de Sinaloa, que se realiza durante el mismo mes, tanto en la capital del estado, como en los diferentes municipios.

Festival cultural Sinaloa

La música, las fiestas tradicionales y las artesanías, son algunas de las manifestaciones artísticas y culturales de los sinaloenses.

actividades

- Resuelve las siguientes cuestiones y coméntalas en tu grupo.

En el pueblo o ciudad en que vives

- **¿Cómo es la gente?**

- **¿Hay algunas personas que escriben poemas, cuentos, libros, música o hagan teatro?**

- **¿Qué fiesta tradicional se realiza en el lugar donde vives o cerca de él?**

- **¿Conoces la canción "El Sinaloense"? ¿Qué piensas de ella?**

Artesanías

Sinaloa, además de sus tradiciones culturales y artísticas, también cuenta con una gran variedad de artesanías.

Las artesanías son las cosas que las personas fabrican o hacen con sus manos, generalmente con pocas herramientas y mucha habilidad.

En el estado de Sinaloa se hacen muebles muy bonitos y de mucha calidad, como son los "muebles de Concordia", también se elaboran vasijas de barro, sombreros, huaraches, canastos, sillas de montar, cinturones y objetos de conchas, entre otros.

Tibor de barro. Mocorito

Silla (guajolota). Rosario

Morral de ixtle. Culiacán

En los 18 municipios de Sinaloa hay muchas artesanías, pero son poco conocidas; algunas sólo se conocen en su propio municipio. Fíjate en las fotografías, estos son algunos ejemplos de artesanías sinaloenses.

Huaraches de vaqueta. Ahome

Mantel deshilado. Concordia

actividades

Investiga qué artesanías hacen en tu comunidad y clasifícalas conforme el siguiente cuadro

OBJETO	MATERIAL	UTILIDAD
Ejemplo: Canasta	Tallo de palma	Se usa para llevar o traer cosas.

GLOSARIO

ACTIVIDADES DE INTERCAMBIO ....Acciones para cambiar unas cosas por otras.
ACTIVIDADES DE SUBSISTENCIA ...Tareas o trabajos para vivir.
AGUAMA ....Fruto agridulce que se da en racimo, cuya planta es parecida al maguey.
ÁRIDOS ....Terrenos secos, estériles, de poca vegetación.
AYALES ....Fruto redondo dulciamargo y negro.
BARRETERO ....Trabajador de las minas que usa la barra para derribar el mineral.
BULES ....Especie de calabaza que sirve para cargar agua.
BÚFALO ....Toro salvaje o bisonte de América.
CALAMIDAD ....Desgracia.
CATASTRO ....Censo o registro de las fincas de un país.
CAUDILLO ....Jefe, capitán.
DESÉRTICO ....Lugar seco, arenoso y con muy poca vegetación.
DESARROLLO DEMOGRÁFICO ....Crecimiento de la población.
DESPOJO ....Quitar las pertenencias a las personas.
EMPONZOÑAR ....Envenenar.
ERRANTES ....Que andaban de un lugar a otro.
ESPECIAS ....Hierbas aromáticas que sirven de condimento a los alimentos como: pimienta, clavo, azafrán.
ESPÍRITUS ....Seres imaginarios como los aparecidos, los duendes y los fantasmas.
ESTRIBACIONES ....Las primeras elevaciones donde empiezan las montañas.
EXPORTACIONES ....Enviar productos o mercancías a otros países.
ÍDOLOS ....Objetos, animales o plantas que se adoraban como dioses por los indígenas.
IMPERIO ....Gobierno de un emperador.
IMPUESTOS ....Pagos exigidos por el Estado para servicios públicos.
INTEMPERIE ....Al aire libre, al descubierto.
INVASIÓN ....Entrar a la fuerza a un país o región.
JABALÍES ....Cerdos salvajes.
MAMUT ....Elefante prehistórico.
MANGLARES ....Lugar de la costa poblado de plantas llamadas mangles.

MEZQUITE ....Árbol cuyos frutos, en forma de vaina, son comestibles.
MORTEROS ....Arma usada por los españoles.
NAHUAL ....Animal en el que supuestamente se transformaban los curanderos.
NÓMADAS ....Que no tienen un lugar fijo para vivir.
OFRENDAS ....Regalos que se hacían a los dioses.
PAPACHIS ....Fruto silvestre de cáscara dura y carne negra y dulce.
PENCAS ....Hojas carnosas del maguey.
PETROGLIFOS ....Dibujos grabados en piedra hechos por los indígenas.
POBLACIÓN ....Conjunto de personas que habitan una región, pueblo o país.
PRIVILEGIOS ....Ventajas o derechos de algunos individuos.
PRODUCTOS AGRÍCOLAS ....Las cosas que se obtienen de la agricultura.
PRODUCTOS FORESTALES ....Las cosas que se obtienen de los bosques.
PRODUCTOS PESQUEROS ....Las cosas que se obtienen del mar.
RAMALES ....Partes de vía que derivan de una principal.
REALISTAS ....Soldados partidarios del rey de España.
RECURSOS MARÍTIMOS ....Elementos que constituyen la riqueza del mar.
RECURSOS NATURALES ....Agua, flora, fauna y minería. Elementos de la naturaleza que ayudan en la vida del hombre.
SOBERANOS ....Independientes, libres, que no dependen de otros.
TEJONES ....Mapaches. Animal mamífero pequeño.
TERRITORIO ....Extensión de tierra perteneciente a una región, estado o país.
TRIBUTO ....Pago o impuesto que se hace a la autoridad.

Sinaloa
Historia y Geografía. Tercer grado
Se imprimió por encargo de la
Comisión Nacional de los Libros de Texto Gratuitos,
en los talleres de Gráficas La Prensa, S.A. de C.V.,
con domicilio en Prolongación de Pino núm. 577, col. Arenal México,
C.P. 02980, México, D.F., el mes de junio de 1999.
El tiraje fue de 59,500 ejemplares
más sobrantes de reposición.